從偏鄉到紐約，一個屏東女孩勇闖世界的逆境哲學

不認輸的骨氣

江孟芝 著

這本書獻給七十歲的母親。媽媽，我愛妳。

目錄

推薦序　水漬，被陽光照映到也會閃閃發光　國立台灣師範大學藝術學院院長／林俊良 —— 013

推薦序　孟芝，充滿驚奇的奮鬥女生　Medialand米蘭營銷 共同創辦人／董事長 陳琦琦 —— 015

推薦序　勇敢堅持自我，夢想就有可能實現　導演／盧謹明 —— 017

自序　其實你沒有想像中渺小 —— 020

PART 1 來自國境之南的骨氣

01 人生只有一次，為自己而活 —— 027

翻開《時光列車》一書，美國吟唱詩人、龐克搖滾教母佩蒂・史密斯（Patti Smith）的黑白照映入眼簾，她以狂放不羈的眼神與極具魅力的中性打扮，很有個性地表示：「你若咬定了人只活一次，便沒有隨波逐流的理由。」

02 治療時間焦慮症，照自己的步調走 —— 036

在這瞬息萬變的時代裡，人人都患有「時間焦慮症」，就怕人生虛度、怕時間不等我們。但是，〈每個人都有自己的時區〉這首美國詩告訴我們：「你沒有落後，你沒有領先，在命運為你安排的時區裡，一切都會準時。」

03
三年磨一劍的倫敦自助行 046
在貧民窟長大的美國著名小說家傑克・倫敦（Jack London），似乎一出生就注定為底層人民發聲。究竟人應該如何面對困境、激發生存力量與勇氣？他這麼說：「人生不只是握有一副好牌，有時候也是把一副壞牌打好。」

04
成績不是一切，態度決定你是誰 054
一年一度的神豬競賽又開始了，一頭比普通豬重十倍的千斤豬公，四腳撐開形成一個碩大的圓，綁在華麗的花車箱上受人朝拜。豬越胖，對神明越有敬意，哪怕是不人道的飼養。其實，我們都是豬，被迫吸收知識去參加考試，分數越高，越值得嘉許，人的成績宛如豬的重量，決定了人生的一切……

05
勇敢投遞夢想申請書 061
電影《貧民百萬富翁》中的來自貧民窟的賈默，參加全國電視的問答節目時，困擾他的往往不是題目本身，而是既有的選項。人生是選擇題嗎？一定要在A、B、C、D四種答案選一個嗎？什麼時候我們可以擁有不受限制的人生選項，自由填上屬於自己獨一無二的答案？

PART 2
紐約築夢物語

06
異鄉追夢的絕境力 073
出國之後，不僅沒有歸屬感，還必須承受無止無盡的焦慮蔓延，生怕繳不出學費、付不起飯錢。或許，我們都擁有一對被遺忘的翅膀，往往跳下懸崖後，才能在絕境的風中，找到自己從未發現的力量。

07
活出自我，脫離取悅別人的人生 080
心理學大師阿德勒說：「你不是為了滿足他人的期待而活，而別人也不是為了滿足你的期待而活。」不要在意他人的評價，也無須尋求他人的認同，去思考、去接納自己原生的樣貌，你唯一需要取悅的人，就是自己。

08
不完美卻真實的你，是最美的 088
在這追求完美的世界，把自己的缺點暴露出來是需要勇氣的，害怕自己的不完美會被一雙雙嚴厲的眼神排擠，所以我們用衣服遮掩脂肪、用化妝掩蓋瑕疵，更用磚牆把悲傷情緒堵住，生怕它一而再再而三地跑出來擾人。其實，我們恐懼的不是缺點本身，而是不被社會接受的眼光。

09
勇闖世界，躍上國際盛事的舞台 097
生活在一個連網際網路都還不曉得的年代，普普藝術教父安迪・沃荷（Andy Warhol）大膽預言：「在未來，每個人都能成名十五分鐘。」如今處於資訊爆炸的自媒體時代，我們應該如何找到屬於自己的十五分鐘？

10
非典型的非洲探險指南 106
許多人喜歡旅行，上傳著自己與名勝古蹟的合照，還有琳瑯滿目的美食小吃，都是現代人的典型表現。花了這麼多時間與金錢出國增廣見聞，人的層次究竟有沒有從中增厚了一點？還是越來越膚淺了呢？

11
工作競技場：沒有身分的挑戰者 118
儘管求職者身懷絕技，擁有漂亮的履歷跟突出的作品集，沒有身分，就沒有談判的籌碼。前仆後繼湧入的外籍勞工，彷彿沒有身分的挑戰者，不僅要面對語言與文化的征戰，還得接受不平等的條約，割讓一點尊嚴去換取翻身的機會。

12 二十七歲還清百萬學貸 125
人生有令人潸然淚下的坎坷，也有讓人遂其所願的甘甜。活在青春之後、認輸之前，我用堅強堆砌著生命堡壘，度過了債務生存期，看見自己經歷挫折卻仍然灼熱的眼神。

13 走在美國教職的路上 133
機會，是留給準備好的人。在社會上轉來轉去，突然遇到一個機會，哪有不把握的道理？立馬火力全開地進到美國的教職體系闖蕩。其實，成為老師並不難，但是要成為一個「好」老師，卻不是想像中的那麼簡單。

PART 3 跑在世界的盡頭

14 誠實訴說脆弱的勇氣 143
我們總是嘗試表現得正面積極、高度自信，從來不顯懦弱的樣子，但我們也無法永遠排除生活中那些不確定、衝擊或失敗。既然無法迴避脆弱，我們又該如何因應？美國作家麥德琳·蘭歌（Madeleine L'Engle）曾說：「小時候的我們心想，等到長大，我們就不會再感到脆弱了。但是成長本身就是接納脆弱的過程；活著，就是脆弱的。」

15 相信自己，做你不敢做的事 151
對於跑步才剛開始的我，五公里聽起來是一個無比嚇人的數字，但是越害怕，我越是想要挑戰它。股神巴菲特曾說：「做你沒做過的事叫成長；做你不願意做的事叫改變；做你不敢做的事叫突破。」從現在開始脫離舒適圈，每天去做一件令人害怕、討厭，甚至沒想過的事吧。

16 奔跑吧！告別孤單的十公里 159
世界上每分鐘都有人出生，也有人死去；每一秒都有人感到幸福快樂，同時也有人承受著痛苦悲傷。每分每秒，你都不是一個人正在承受某一種情緒和事件，我們是很多人一起面對人生的喜怒哀樂：一起哭、一起笑，並且一起扶持成長。

17 舊金山女子半馬：穿越逆境的意志力 168
那些堅持跑步的人，到底是為了什麼理由而堅持呢？翻閱日本知名作家兼跑者村上春樹的書《關於跑步，我說的其實是……》，其中一句話強而有力地掉落在我心上：「跑步不是鍛鍊體力，而是意志力的磨鍊。」這句話形容我的心境，再貼切也不過了。

18 莫忘初衷：華盛頓特區的里程碑 177
一個人、一顆不認輸的心，我以整整五年的青春長征，用二十一公里的馬拉松書寫自己二十七年來的人生故事。美國傳奇賽車車手戴爾・恩哈特的名句：「勝利者不是跑得最快的人，而是拒絕認輸的人。」或許，人生最大的勝利，就是秉持著初衷走向自我實現的終點。

19 那些全馬教我的事：勇於挑戰的人生 186
我有能力完成四十二公里嗎？我有勇氣挑戰這個不可能的任務嗎？是什麼時候開始，我從一個慢跑菜鳥變成馬拉松女鐵人了呢？我想起了一句話：「有一天，或許你會發現，最感動的不是你完成了，而是你終於鼓起勇氣開始。」

20 為愛而生：芝加哥馬拉松 194
如何在人生中去活、去愛，去成為一個有力量的人？國際知名的人類關係學家芭芭拉・安吉麗思跟我們分享：「一切的障礙與波折都是隱藏的功課，敬重它們，並向它們學習。不管遭遇什麼，一切的答案都是愛。」是的，如果沒有愛，我沒有辦法跑這麼遠。

推薦序——

水漬，被陽光照映到也會閃閃發光

國立台灣師範大學藝術學院院長　**林俊良**

孟芝，總是面帶微笑，積極認真、求好心切地對待自己的課業，外表看似柔弱，但眉宇間總散發一股堅韌的氣質。

當收到出版社來信邀約為孟芝寫序時，這是我腦中首先浮現的印象。孟芝是我回母校台灣師範大學美術系第一年任教的學生，當時師大美術系設計組（現為設計系）學生不多，師生情感緊密，我和他們亦師亦友，孟芝給我的印象總是謙和有禮，面帶微笑卻不多話，但一說起話來卻又條理分明頗有定見，處理事情有條不紊，是一位沉靜又思緒清明的學生。

我大概知道她家中情況，但她並不因家中經濟困難而成為她學習的阻礙，我總是覺得她很忙碌，但孟芝把自己打理得很好，課業、家教、社團、生活、交友間的關係分配得宜，她非常好學，除了系上課程，更至外校修課以擴充自我專業能力，為使作品更臻完善，總是不厭其煩地再三調整審視，不斷反覆修改，嘗試各種不同版式編排與想法，直到符合其創意與美感標準方能罷休，為解決完成概念的技術瓶頸，便主動學習、探索新知，知微見著，由此可見孟芝處理事情的態度，值得讓人放心！孟芝以優秀的成績畢業，一般來說應該會繼續進修攻讀碩士，但她反而進入職場，經濟因素讓她有立即工作的迫切需要，我認為她的資質不錯，很有潛力，當時鼓勵她有機會再繼續進修，在學期間她便一直進修英文，「工作之後或許更清楚自己想學的是什麼，可以的話，出國進修，開拓視野，體驗不同的人生」我說。幾年後她回來告訴我她申請上了紐約SVA，正準備公費留學考試，我當時是既歡欣又驚訝，原來孟芝一直在自己的時區走自己的步調，看似慢一點，但她很清楚自己的目標，當然面對美國昂貴的學費是她另一個壓力與挑戰，但她不說，自己默默地扛了下來，當聽到她順利考上公費留學時，真是為她高興。

在SVA期間，孟芝挖掘自身內心的聲音，她以自身學習的經驗提出了自己的畢業創作題目：A Stranger to Words（陌語莫語），將資訊以視覺化呈現，發掘言辭之中不為人知的視覺體驗，把千言萬字的學習過程透過數據視覺化，形成千絲萬縷色彩斑斕的視覺圖像，並可讓觀者互動體驗，這樣科學化的視覺實驗作品，在許多國際設計競賽上深受評審肯定，為孟芝拿下多項國際獎項，一舉成名，身為她的老師，也衷心感到欣慰與祝福，「花若盛開，蝴蝶自來；你若精采，天自安排」，就如孟芝自己說的：「田野凹槽裡的水漬，被陽光照到也會閃閃發光」，很高興孟芝的努力被看到了！今由皇冠文化集團規劃出版，孟芝將她這一路從屏東到紐約的追夢過程與體驗，坦誠地與讀者分享，我想這將對許多弱勢學生是一個正面激勵的榜樣，而孟芝的努力精神更是台灣人堅韌性格的體現！

推薦序——

孟芝，充滿驚奇的奮鬥女生

Medialand米蘭營銷 共同創辦人／董事長 **陳琦琦**

在與孟芝同事的短短一年多時間裡，就覺得她跟其他年輕女孩很不一樣。新進夥伴面試時，都會談自己的夢想或人生目標，大多會因為工作現實與夢想的差距，在忙碌工作中漸漸淡忘或放棄自己的夢想，轉化成其他的努力目標。她總是主動積極地爭取工作機會與表現，創意想法也很豐富，是位有才華的年輕設計師。正在覺得她值得栽培、可委以重任時，她以獎學金的方式申請到紐約ＳＶＡ留學，讓我們驚奇、佩服又覺得不捨。

回想我自己，在大學畢業前，跟孟芝一樣，許下留學紐約ＳＶＡ的夢想，所以盡力在剛開始上班的低薪時期，夜以繼日地兼了幾份差，希望快速地賺錢存錢，以不花費爸媽的錢去紐約留學為目標。但隨著時間慢慢過去，不斷迎面而來的工作任務、挫折不如意與人生際遇，最終還是選擇放棄了曾有的夢想和有志者事竟成的信念。

現在，透過孟芝的自傳，可以完整地看到她成長過程中各個時期的「幕後花絮」。她秉持著異於常人多好幾倍的信念、意志力、奮鬥和勇氣，讓我們看到一個外表柔弱但韌性超強的驚奇女生，用她自己的生命歷程激勵著我們：「請相信自己做得到！」

人生的挑戰每天都在上演著，是人都有軟弱的時候。怎麼樣才能面對挫折，相信自己可以突破難關，完成別人說的不可能的任務？孟芝把她的骨氣和勇氣，通通寫在書裡了，然後把希望之火傳遞給閱讀她人生篇章的你，讓她的一字一句引燃你心中「相信自己、相信可能」的希望火種吧！

面對人生的功課，我們跟著孟芝一起加油！

推薦序——

勇敢堅持自我，夢想就有可能實現

導演　**盧謹明**

我所編導的電影《接線員》在台灣上映前夕，我回到畢業二十年的母校——屏東高中，拜訪校長和老師並說明創作的緣起和拍片過程。坐在校長室裡，聊起幾位學弟妹畢業後的發展，校長特別提起江孟芝學妹自己獨闖紐約，唸完研究所後，不僅在設計領域打出自己的一片天，也在教學上有一番傲人的成績。當時，我對這位學妹並不熟悉，但是耳聞她的努力與成就，對她產生莫大的好奇，也期待在未來能認識她。

有一天，突然收到孟芝學妹的臉書問候，很高興從此與她有了聯繫。學妹的新書即將出版，詢問我是否有興趣寫序，我當然義不容辭，一口答應；也希望藉由這機會認識這位和我一樣來自南台灣屏東，天不怕地不怕勇闖國外拚天下的女孩。

讀著孟芝書中的字字句句，得知她的成就是建築在許多辛苦之上。她求學追夢的同時，不願意讓家人因為她有額外的負擔，一人扛起學費的壓力，不但申請各項獎學金，身兼幾份差事，還靠自己的力量償還學貸。當她發現自己有了憂鬱症傾向，決定勇敢面對，以跑步抵抗睡眠障礙；甚至開始參加馬拉松，挑戰自己的能耐，挖掘自己的潛能。試問有多少年輕人有這樣的骨氣與毅力？我十分佩服孟芝的獨立精神，也深信她的求學過程是每位追夢者應該知道的勵志故事。她的經歷讓我們知道只要勇敢面對與堅持自我，一切都有可能實現。

在書中的描述也讓我的思緒重返高中時代，重新憶起當時在台灣填鴨式教育下苦澀與壓抑的心情，以及剛到國外唸書，那種在文化差異下的適應與難熬的孤獨滋味。回想起第一次在國外課堂上，老師給予學生自由命題，自行創作，當時的我拾筆揮灑，如魚得水，暢快享受創作的樂趣。我也想到其實只有離開熟悉的家鄉後，我們才有機會認真探索自己，進而了解自己土地文化的重要性與個人的獨特性來創造出不同於他人的作品。

其實每個尋夢之路都是崎嶇難行又充滿挫折，但只要願意認真付出，埋首努力，就會一步步接近夢想。也許這過程百般辛苦，但有朝一日踏在自己喜歡的道路上，那種感覺非常踏實，是一種打自心底深處源源不絕湧現出來的快樂。品嘗著這股來自心中的快樂，過去所有嘗過的酸甜苦辣都變得無足輕重，不算什麼。這樣「輕舟已過萬重山」的心境只有遍嘗辛苦，努力過來的人才會有的感悟與體會。

人生的際遇常常取決於自己的抉擇，你這輩子想要當什麼樣的人？想要過什麼樣的生活？有什麼成就？其實全都掌握在你手中。

如果你正為自己的未來感到迷惘；正猶疑是否要勇敢追尋夢想；正在自己的理想與現實壓力中拉扯；或回首自己走過的來時路，江孟芝這本書，《不認輸的骨氣：從偏鄉到紐約，一個屏東女孩勇闖世界的逆境哲學》將會是一本屬於你的書。

在這裡祝福各位在閱讀完這本書後，都離自己的夢想更近了一點。

盧諽明於倫敦　二〇一八年四月

自序——

其實你沒有想像中渺小

在西方，三月二十一日是春天的第一天，但紐約在這天下起了暴風雪，雪與風一來一往，任性地把所有顏色變成一種白色，好像在宣告：「春天你先過我這關再來吧！」

人被時間推著一直往前走，變成自己想要成為的樣子；或者被時間改變，變得連自己都認不出的樣子。幸運的是，時間改變了我的容顏，卻從未能說服我妥協。

二〇一三年十月，我在舊金山完成人生第一場半馬馬拉松，一提起筆寫作就停不下來，滿滿的參賽心得，跑的時候激動、寫的時候眼紅，字字句句都是當下所產生的第一手情緒。〈用雙腳征服舊金山，突破自我的第一個二十一公里〉這篇文章意外獲得國內知名網站「運動筆記」所舉辦的徵文比賽青睞，被評審歐陽靖選出頒予評審獎，並且超過一萬人次瀏覽、上百名網友分享、留言打氣。好多人跟我說，他們讀到鼻酸，感動不已。

原本只是抒發情緒的文章，竟然得到這麼多的關注，令我受寵若驚。這是真的嗎？還是一場夢？更不可思議的是，皇冠文化集團總編輯榶甄在網路上偶然看見我的文章，寫信來邀請我出版一本結合跑步和美國生活的勵志書。

那時候，我的知名度是零。不僅學貸還沒有還完，也沒有任何新聞媒體報導過我，更沒有拿下任何國際大獎或是擁有像英雄聯盟這樣的大客戶，她竟然發現了我的渺小存在。在我滿是驚喜的同時，內心也不禁湧出自我質疑的聲音：「我真的有能力寫書嗎？我的文筆足以勝任嗎？比我成功的人滿街都是，我有什麼資格出書談夢想？我連自己的夢想都還沒有實現……」

有句話說：「說出來會被嘲笑的夢想，才有實踐的價值。」

雖然連我都覺得自己微乎其微，但是我不怕被取笑，要笑就讓別人去笑吧！重點是我喜歡寫作，也夢想著有一本屬於自己的著作，不管別人怎麼看我，我是真心想要完成這件事，心想：「那就來吧！」於是，我答應了寫書的邀約。

總編輯更建議我，要開設個人粉絲團分享美國的生活（對，我那時候渺小到連粉絲團都沒有）為了這本書，我超級害羞地開了以自己為名的臉書專頁，從此有一個跟大家交流的公共空間。我常常聽到許多部落客經營個人粉絲頁很長的一段時間，才被廠商看見進而合作；哪有人像我一樣先被出版商看見潛能，然後被要求架設粉絲團的？真不知道自己上輩子燒了多少好香，才能夠遇到一位欣賞自己才華的貴人。

生活不可能像你想像的那麼美好，但也不會像你想像的那麼糟。在面臨金錢壓力、家人中風的打擊下，常常脆弱地淚流滿面而整夜無眠，但有時也赫然發現自己不知不覺咬著牙走了很長的路，現在居然還能贏得寫作比賽跟一紙新書合約。

因為有這些脆弱，我才得以堅強。一個人的脆弱和堅強時常超乎自己的想像。

可是，在簽完合約之後，有很長的時間我累到寫不出一個字。因為要還債、要跑步、要工作、要申請簽證，我的寫作進度幾乎是零，終究我只是一個人，跟大家一樣每天只有二十四小時，我想要把每一件事情都做好，卻無法面面俱到。寫書的壓力越積越深，讓我有一陣子完全寫不出任何東西，常常對著電腦悵然若失。

幸好總編輯沒有放棄我，不斷鼓勵我寫作。這些年，我不斷地從一顆渺小的豌豆，慢慢茁壯變成巨大的魔豆，有了報導、有了獎項，還有了在美國教書的機會，這些都是我剛開始寫書時無法預料的事。或許，也因為深感自己的渺小，所以拚了命想去證明自己的存在：其實我沒有想像中的那麼渺小、其實我也可以做得到。

《哈利波特》的作者J. K.羅琳曾經說：「改變世界需要的不是魔法，而是發揮出內在的力量。」

現在回頭看，如果這本書很快就完成，內容可能沒有現在這麼豐富，我終於明白，一切事情的發生，都是最好的安排。人生常常是遍體鱗傷，要一邊流淚、一邊吃飯才能走下去，因此，你不需要在無助的時候，去等待一個奇蹟或是一個魔法；

相反地，你唯一需要的是不害怕別人的嘲笑與不輕忽自己的力量，一點一滴發揮內在的力量，那麼你一定能吹散眼前的烏煙瘴氣，看到希望的那道曙光。

現在正在翻閱這本書的你，要知道春天來臨之前，是看不見任何綠意的，目視所及都是令人沮喪的低溫與一片單調的死白，讓你一度以為世界不再美麗了。但是，人生就是這個「但是」，不管外面世界的溫度有多低，內心深處要永遠恆溫，請你捧著那顆炙熱的心，去證明無論多麼渺小的火焰，都能融化廣袤無垠的冰霜，只要你勇敢去做。

這本書，不是一本偉大的人物傳記，僅是一個市井小民的人生自白書，裡頭不免有老派的勵志文章，卻也有逆向思考的人生哲學。我把自己赤裸裸地呈現在世人的眼前，坦露自己的脆弱與迷惘，如果連這麼渺小的我都可以做得到的話，那麼世界上真的沒有什麼不可能的事！

PART 1

來自國境之南的骨氣

01

人生只有一次，為自己而活

翻開《時光列車》一書，美國吟唱詩人、龐克搖滾教母佩蒂・史密斯（Patti Smith）的黑白照映入眼簾，她以狂放不羈的眼神與極具魅力的中性打扮，很有個性地表示：「你若咬定了人只活一次，便沒有隨波逐流的理由。」

人生從撕掉標籤開始

一九八六年的冬天，在屏東仁愛醫院，身為三十八歲高齡產婦的母親生下了我，是家裡第三胎，排行最小的女兒。生長在台灣最南端，我不懂城市的喧囂，喜愛入夜的蟲鳴，小時候在古早味的柑仔店裡買一瓶五塊錢的沙士汽水是最沁心療癒的，總是相信田野凹槽裡的水漬，被陽光照到也會閃閃發光。

不過，標籤式的問候語在長輩之間似乎是一種流行。

「你怎麼這麼瘦？要多吃一點。」

如果轉身看見另一個身材豐腴的朋友，大家馬上語帶委婉，一副好心的表情建議：「你手臂肉好多，瘦一點比較好看呢！」

台灣人似乎特別「關心」別人的身材，胖也不行、瘦也不對，遇到人立刻分門別類地貼上不同的標籤：瘦皮猴、恐龍、洗衣板、肥豬……等，各式各樣先入為主的標籤貼在臉上，讓你第一時間不知道該如何反駁。

對於別人的家務事也是如此，他們會正氣凜然地評論誰跟誰又離婚了、誰的小孩考幾分……讓許多人時不時就會被這些尖銳的話語刺到，我也是其中之一。

父親沒有工作，是家中經濟困頓的開始。四十年前，他想要趁有限的人生去追尋自己的夢想，所以毅然決然地把公務員的鐵飯碗給辭了，在家全心全意地準備中醫師檢定特考，立志做一名中醫師。在華人社會，一個男人沒有工作往往會被認為是一件丟臉的事，但他不顧社會輿論的壓力，堅持放棄工作。

這些年，母親一個人扛起家計，帶著三個小孩過日子。她每天早上八點出門，晚上十點才回到家，一整天跑客戶、拉保險，飽受舟車勞頓之苦，也經常要看別人臉色、忍受刁難，卻無怨無悔地支持著父親。無奈的是，窮盡一輩子的時間，父親始終沒有考上。

時光荏苒，最終父母親分開了。我跟著母親搬到屏東機場附近的公寓居住。

「不像個正常的家庭」、「單親小孩一定有人格缺陷」……這一個個毫無同理心的標籤在我身邊出其不意地出現，像是如影隨形的烏雲籠罩在頭頂上惡作劇。拜託！都什麼時代了，還有這麼古板的思想？

我痛恨這樣的標籤文化和語言暴力。

我從不羨慕從小衣食無缺、家庭幸福美滿的人生，反而衷心喜歡自己的原生家庭與清寒背景，讓我更想要去幫助家境貧困的人，聆聽那些遭遇不幸的聲音。比起一個完整的家，我更希望父母親過得快樂，或許分開不是遺憾，是人生中另一種幸福的選擇。

有一天，我剛好看見美國著名的脫口秀主持人艾倫．狄珍妮（Ellen DeGeneres）慶祝自己六十歲生日的影片。過去，她的同志身分飽受霸凌與惡意詆毀；如今，她是美國最有影響力的媒體人之一，我很好奇，名利雙收的她擁有一切，究竟會許下什麼願望呢？

「無論你是誰，無論你在哪裡，做你原本的樣子。跟世界分享你自己，每個人都應當是與眾不同、獨一無二的存在，所以保持自己的本性吧！別感到羞愧，相信你會被坦然接受，因為真誠永遠是最好的報酬。」艾倫以這段深刻動人的言語，祝福著電視前的每個人，包含自己。

為什麼人要活在標籤的陰影底下？為什麼害怕被貼標籤而改變自己？**活著，就從撕掉標籤開始，人要是一輩子隨波逐流那就是真的失敗了。**

就像艾倫告訴我們的：「勇敢地活出自己原本的樣子吧！」

興趣可以當飯吃嗎？

以叛逆搖滾之姿，佩蒂・史密斯用顫抖高亢的嗓音唱著經典名曲〈因為夜晚〉（Because the Night）。我喜歡在作畫時播放狂放不羈的搖滾樂，在高密度的節奏找到廣袤無垠的力量。

四歲的時候，我開始拿著油性奇異筆，隨心所欲地在家裡的白牆上塗啊塗，把房間浸沐於天馬行空的想像之中，手能觸及每個角落，滿是追求夢想的筆鋒。

五歲的時候，我在兒童畫室裡好奇地探索著主題《后羿射太陽》，思考著如何刻畫對太陽十種風格迥異的想像。對一般學齡前的幼兒來說，光是描繪一個太陽就頗有困難度，大部分的小孩只能隨便畫幾個圓圈塗滿交件，但是我腦海中卻有源源不絕的想法，很有耐心地把一個個太陽細細勾勒出來，最後成為班上唯一完成十顆太陽的小孩，過了下課時間都還沉浸在豐富的顏色裡，無法自拔。這是第一次，我發現自己的天賦跟熱情所在。

「你長大以後想要做什麼啊？」這是每個大人最喜歡問小孩的問題。

「我想要當藝術家。」

「畫畫當興趣就好啦，梵谷窮到餓死，你知道嗎？還是找個實際一點的工作……」

或許，大人只想單純地想要聽到他們想聽的答案，對於陌生的理想往往感到害怕，進而否定孩童對於世界充滿期待的心。

漸漸地，小孩懂得世故，學會說大人喜歡聽的話，甚至放棄了原本的興趣，把天賦和一顆純潔而鮮紅的心臟鎖進泛黃的鐵箱裡，隨著成長過程慢慢說服自己去遺忘。

唱片持續在轉動，與唱針擦出的搖滾重音持續擴散著爆發力。我仍在畫，沒有因為外界的質疑停下來。

「那你呢？你未來想要做什麼？想要填什麼志願？」我反問身邊的朋友。

「不知道，其實我很迷惘，說不出來自己喜歡什麼。家人希望我做醫生或是醫療相關的工作，可能會投入生物領域。」

「你有什麼喜歡的科目嗎？或許，可以試試朝自己特別有興趣的事去做。」

「我喜歡唱歌，未來想要組樂團出專輯。但是，這只是一個興趣而已……」

接下來是一陣沉默。**夢想的憧憬與現實的衝擊，總不斷地在年輕脆弱的心靈中拉扯。**

長久以來，台灣年輕人一直處於失業率高、文憑如廢紙、薪水創新低的社會漩渦裡，不得不向父母與社會主流價值妥協，唸一個無關興趣的科系、做一份還算過得去的工作，然後對人生卻越來越迷惘了。我們什麼時候才能開始做自己真正喜歡

的事呢？

很多朋友坦白地說：「大學浪費了我好多時間，畢業以後才發現自己對這個科系根本沒有興趣，唸得很痛苦。」**在沒有熱情的體系裡，反而浪費了寶貴的青春歲月。**

究竟興趣可不可以當飯吃？每一個放棄興趣的靈魂，去追逐別人的目標，只會到達不屬於自己的終點，在後悔中虛度光陰；而把興趣當工作的我，不但沒有因此餓死，反而越來越慶幸自己的選擇！人生只有一次，為什麼要輕易妥協？為什麼要待在僵化的社會體制裡葬送自己的熱情？撕掉長輩們「都是為你好」的期待，多一點忠於自我的勇氣，夢想的火焰自然會吟唱專屬於你的搖滾樂曲，興趣也能強勁發行。

脫離盲目的羊群生活

有位住在土耳其吉瓦斯鎮的牧羊人，一日早晨任由羊群在山頭吃草，自己則在一旁吃早餐。不知何故，一隻綿羊從懸崖一躍而下，接著後面一千五百多頭綿羊不假思索地爭相仿效，紛紛跳崖跌落山谷，全部一命嗚呼。牧羊人趕到崖邊已經束手無策，山崖下布滿一片白花花的羊屍堆，令人觸目驚心。

這則真實新聞引起了我的好奇。羊的特性就是只要有一隻羊開始行動，整個羊群就會跟隨領頭羊的一舉一動，而不會去判斷其行為的對錯。人類也出現類似的從眾心理，盲目地服從既有的社會規範，被稱之為「羊群效應」。跟大家做一樣的事，便不會受到同儕間閒言閒語的壓力，我們害怕受傷害而選擇站在強者的一方，也間接導致了霸凌的存在。

升國三時，我想接受真正專業的美術教育，正式報考美術班。當時距離學測不到半年的時間，不僅要準備全國考試，還得跟所有美術班的學生一起參加術科聯招。

曾經，有長輩用懷疑的眼光看待「不合群」的我：

「大家都讀普通班，你為什麼執著唸美術班？」

「不是科班的你考不上的啦！沒有人這麼做。」

「女生就應該讀女校，為什麼你不能跟其他女孩子一樣？」

因為這個社會如此，所以我就必須盲目地拷貝別人的人生？面對質疑的聲浪，我只能透過不厭其煩的溝通，再三表明自己想要唸美術班的決心。後來我也懶得浪費力氣去解釋，與其擔心自己得不到認同、找不到資源、比不上別人，不如利用時間充實自己。

我不想要過著華人集體主義下的羊群生活，也不怕我跟世界不一樣。

從最基礎的三角錐、圓柱體、立方體開始，我在素描、水彩、水墨跟書法不同的媒介之中瘋狂練習著，一點一滴地揣摩怎麼樣才能畫得更正確真實。有一句英文曾說：「在死之前好好活著。（Don't die before you're dead.）」我們都沒有隨波逐流的理由，拒絕當一頭盲目的羊，好好為自己活一次。

沒人能決定你該活成什麼樣子，除了你自己。

02

治療時間焦慮症，照自己的步調走

在這瞬息萬變的時代裡，人人都患有「時間焦慮症」，就怕人生虛度、怕時間不等我們。但是，〈每個人都有自己的時區〉這首美國詩告訴我們：「你沒有落後，你沒有領先，在命運為你安排的時區裡，一切都會準時。」

從自學開始說起，由我決定怎麼運用時間

「自學」在那個年代，似乎是一個很落伍的名詞。自什麼學？去補習比較快。

我不是出身於藝術世家，沒有什麼先天的家庭資源，因此母親送我去鄉下的兒童班學畫，一堂課兩百元，算是相當便宜。由於家裡經濟條件並不好，看著母親夜以繼日地工作，小學的我不想因此而增加生活開銷，主動跟母親提：「我不想要繼續學鋼琴跟畫畫了。」

誰說小孩一定要學什麼才藝？我自己有權利決定什麼時間應該學些什麼，以及

怎麼學，時間是由自己定義。這並不是一條容易的路，以自我摸索代替補習上課，選擇以自學的方式繼續研究，卻是年幼的我唯一可以幫助家境的事。

那個年代，屏東沒有美術館、沒有誠品、沒有藝廊，所能接觸到的藝術環境少之又少，更別說是電腦了。我根本不會電腦，不懂得什麼是網路，更無法搜尋關鍵字！處於偏遠的文化沙漠，那是一片能見度低的茫茫沙丘，找不到解渴的甘泉，所幸還有當地少數獨立書店的存在，為我的生命帶來了脫軌後的平衡。

「如果不在書店，就是在前往書店的路上。」這句話幾乎是我的生活寫照。

每日放學後的時間，我騎著小鐵馬主動到書店報到，找自己想看的書籍與主題，一頁頁跟著教學依樣畫葫蘆地剪剪貼貼，做3D立體卡片、學POP寫字，甚至自己研究裝幀做手工書。書店不大，藝術相關叢書放在最不起眼的角落，往往只占據碩大書架上的其中一排，卻成為我的心靈雞湯。就算沒有最愛的畫畫課，我仍然可以徜徉在墨韻、比例、材質的書本中，寄託心裡那份無處安放的熱情。

在書店的收留之下，我得以通過全國素描、水彩、水墨跟書法的甄試，考上了美術班。當我在錄取榜單上看見自己的名字，像在夢中被驚醒似地尖叫！原來沒有受過專業的訓練，在書海之中瞎子摸象的我，真的考上了第一志願的高中！我不是無師自通，只是找到了屬於自己的學習方式。

原來，**決定「現在」活著的方式，持續努力為「未來」的目標前進，就是「時間」的意義**。一張紙、一本書、一場自發性學習計畫，從此拓展了我的生命維度。

時間焦慮是一種強迫症

進入美術班以後，我發現高手如雲，每個人身懷絕技，很多同學從國小就開始讀美術班，一路到高中，技巧非常老練，每每都是我觀摩的對象。我好像是一個游泳選手，終於到了最嚮往的深海海域練習，卻被海浪硬生生地打回岸上，要跟同學到同一個水平，需要從頭補足立體光影的概念、了解炭墨材料的運用、練習顏料渲染的技巧……才有能力徜徉在深不可測的知識海裡。有時候我會忍不住想，為什麼自己不是從小開始學畫？輸在起跑點這麼一大截，不禁焦慮了起來。

人為了時間焦慮，急於在特定的時間點完成某項人生清單：擁有一輛好車、一棟房子、一份體面的工作、一個響亮的頭銜，都參雜著害怕自己落後的強迫症，一旦被別人超越，就對自己的現狀忐忑不安，不停懷疑：「是不是自己不夠好？」「我是不是淪為魯蛇？」

藝術家似乎是一出生就要壓縮時間的職業，舞者被期待在三歲可以一百八十度劈腿，音樂家要像莫札特一樣八歲寫出交響曲，才不會被嫌太晚，超乎常人才是顯

得「正常」。

「妳年紀太大不適合跳芭蕾，現在才開始學舞太晚了。」獨舞家Misty Copeland在十三歲時被舞蹈學院無情地拒絕。但多年後，憑藉著努力，她在白人為主的紐約市芭蕾舞團（American Ballet Theatre）中有出色的表現，晉升成為該舞團成立七十五年來首位黑人首席芭蕾舞者。

Misty很晚才開始跳舞，但是So What?她是全美芭蕾界裡最頂尖的天鵝之一。

與其活在誠惶誠恐的日子，被時間強迫推著往前走，不如思考自己對人生的追求是什麼？讓你感到焦慮的是時間？還是焦慮找不到自己喜歡的事？

或許，我落後別人七年的正規專業訓練，不代表自己之前的研究白費了，只是探索的東西不在考試制度裡，我還是從自學之中得到很扎實的美學基礎。每個人都有自己前進的速度，放棄強迫達標的偏執，讓人生腳步慢一點，才能在過程中看見多一點美麗風景。

在自己的時區，照自己的步調走

只要我睜開眼睛，就想要創作。白天在學校認真地完成每一幅作品，晚上寫完參考書後繼續術科的作業，週六夜晚提起毛筆練國畫，週日一整天泡在畫室的畫架上，整整三年的高中生活，沒有一天不畫畫。老實說，我根本沒有時間去羨慕別人的成就、焦慮自己的落後，光是忙著充實自己都來不及了。

專注的時候，人甚至會忘記時間。最近美國有一首詩〈每個人都有自己的時區〉，在世界各地瘋傳，平息無數焦急迷茫的心靈。它告訴我們要專注在自己所屬的單位，時間並非是絕對的，任何存在是一種相對的關係，所以無須比較每個人的步調。節錄如下：

紐約比加州早三個小時，但這不代表加州時間比較慢。
New York is 3 hours ahead of California, but it does not make California slow.
有些人二十五歲就當上ＣＥＯ，卻在五十歲去世。
Someone became a CEO at 25, and died at 50.
也有人直到五十歲才當上ＣＥＯ，然後活到九十歲。
While another became a CEO at 50, and lived to 90 years.
有些人依舊單身，同時也有人結婚。
Someone is still single, while someone else got married.
歐巴馬五十五歲就退休，而川普七十歲才開始當總統。
Obama retires at 55, but Trump starts at 70.

世上每個人本來就有自己的時區。

Absolutely everyone in this world works based on their Time Zone.

身邊有些人看似走在你前面，也有人看似走在你後面。

People around you might seem to go ahead of you, some might seem to be behind you.

但其實每個人在自己的時區有自己的步調。

But everyone is running their own RACE, in their own TIME.

不用羨慕或是模仿他們。

Don't envy them or mock them.

他們在他們的時區裡，你在你自己的。

They are in their TIME ZONE, and you are in yours!

生命就是等待正確的時間點。

Life is about waiting for the right moment to act.

所以，放輕鬆。

So, RELAX.

你沒有落後。你沒有領先。

You're not LATE. You're not EARLY.

在命運為你安排的時區裡，一切都會準時。

You are very much ON TIME, and in your TIME ZONE destiny set up for you.

畢業前夕，我在一幅全開重磅的法國水彩紙中，描畫超現實的童年回憶：我與家裡土狗一同長大的時光、小時大口吹泡泡的感動、攀爬在圍牆上採集碩大甘甜的桑椹……得到評審青睞，一舉拿下全國學生美術比賽高中組西畫類第二名！

自認為太晚才開始畫畫的我，這個獎證明了沒有任何時候屬於太晚。人生會在適當的時間，綻放最合宜的美麗。有時很快看見，有時必須耐心等待，在自己的時區裡，一切都會準時的。**當你覺得自己起步太晚，或是別人認為你已經太晚的時候，你唯一要做的是努力學習、等待機會，照自己的速度一直、一直走下去。**

不老精神：年齡只能當參考值而已

你相信有人八十歲才開始作畫，而且轟動全球的嗎？

我很喜歡一個美國原始畫派畫家「摩西奶奶」（Grandma Moses），她沒有受過正規的教育，八十歲以前在美國偏僻的農村裡當女傭，直到罹患關節炎不能做家務後才開始繪畫，記錄大自然四季的變化與質樸的鄉村生活。一九四〇年，八十歲的她在紐約舉辦第一次個展，引起轟動，一夕成名，獎項也鋪天蓋地地飛來。

打動人心的不僅是摩西奶奶的繪畫天分，還有不受年紀束縛的心，讓人不禁讚嘆她是怎麼辦到的？她在自己所著的熱門暢銷書《人生永遠沒有太晚的開始》裡分享：「有人總說，已經晚了。**實際上，現在就是最好的時光。對於一個真正有所追求的人來說，生命的每個時期都是年輕的、即時的。**」

她的高齡不是阻礙，反而是最大的亮點。今天如果一個年輕人畫一幅風景畫，好像沒什麼了不起；換作白髮蒼蒼的阿公、阿嬤提筆彩繪，立刻讓人眼睛為之一亮，成為鶴立雞群的最大優勢。一夕間，「時間焦慮」變「時間驕傲」，年紀越年長越值得喝采！

再看另一個例子，住在東京新宿區的岩室純子，已經是個八十二歲的阿嬤，白天與弟弟經營一家餃子店，過著看似平凡的老人生活。萬萬沒想到，純子晚上溜進五光十色的夜店裡，搖身一變成為東京最火紅的電音ＤＪ，登台開場馬上征服底下一票小她六十歲的夜店咖。

國外媒體報導：「日本的這位阿嬤ＤＪ證明了年齡只是一串數字。」是啊，有誰能比純子更貼切呢？

還有好多這樣不老精神的故事正在上演，**人生舞台，不到謝幕永遠不會知道自己活得有多精采**。或許，一個人的成功無關時間早晚或是年紀大小，任何時刻追求自己真正熱愛的事，都是最正確的時間點。年齡只是一組參考數字，人人皆是不老騎士。

我喜歡比喻人生就像橘子，有些早早紅了，有些慢慢才熟，但只要內裡果肉扎實香甜，全是令人垂涎欲滴的果實。充實自己的內在，比焦慮時間流逝更有意義，對吧？

每個人都應當告訴自己：「嘿！塞翁失馬，焉知非福！我們都無法預期將有怎樣的光彩出現在後頭。」我們唯一需要做的就是活在當下，然後把人生當作遊樂場，盡情地去享受。

03
三年磨一劍的倫敦自助行

在貧民窟長大的美國著名小說家傑克・倫敦（Jack London），似乎一出生就注定為底層人民發聲。究竟人應該如何面對困境、激發生存力量與勇氣？他這麼說：「人生不只是握有一副好牌，有時候也是把一副壞牌打好。」

十八歲開始的家教生活

家教對很多大學生來說應該不陌生，我十八歲剛上台北第一件做的事情就是找家教，希望盡早自立自強，過著經濟獨立的生活。我像個急於飛翔的雛鳥，在窩裡振翅，想要證明自力更生的能力。

初來台北的日子，地理位置都還沒摸透，只要有家長聯繫，不論多遠我都會赴約。去過鶯歌、到過淡水，也曾經遠赴陽明山深處教書。學生不分年紀、不分科目，從學齡前幼童到四十歲的科技新貴，從油畫、素描、電腦繪圖到美術理論樣樣都有，好像沒有到不了的地方、沒有不能教的科目跟學生。只要願意，機會永遠在前面等著你。

對我來說，學以致用找尋跟自己專業有相關的工作，發揮自己的熱情，比在咖啡廳打工更有意義。雖然家教的薪水沒有辦法完全負擔在台北的生活費，但是手機帳單、作業的印刷費，能自己出就自己出。**靠自己的力量，花自己掙來的錢，即使是支付每天三餐這種簡單的小事，也是一種坦然痛快的成就。**

美國文學史上的經典之作《野性的呼喚》，是作者傑克·倫敦從小在社會最底層謀生的體悟。他為了生存，做過非常多種類的工作：報童、罐頭工人、牡蠣採集者、淘金客、報社記者……等，最後成為二十世紀知名作家之一。在四處流浪的日子，埋下他日後小說裡深刻強韌的生命力量。

很多時候這樣賺錢打工的生活看似不務正業，被認為沒有專心在學業上，但是學習豈能在薄薄幾張課文裡被淋漓盡致的體會與感受？沒有在阿拉斯加淘金過的傑克，又怎能寫出在北國嚴峻的冰冷世界，對抗惡劣環境而存活的勇氣？

我很喜歡一句話：「即便我們生活陷入泥淖，仍然可以優雅地仰望星空。」必須為五斗米折腰的生活，也證明我們有養活自己的能力。**鬥志都是被激發出來的，那是一個人認真活著的最好證據。**

三年磨一劍的傻勁

「歐洲好美喔！其中倫敦最讓人嚮往 。」我望著書中的照片喃喃自語。

如果世界上沒有到不了的地方，那麼我可以去哪裡？慢慢熟悉台北以後，對島外的世界更加好奇了。我想親眼去感受地球的另一端，目標是英語系國家、擁有悠久的歷史文化、當代前衛的藝術城市，倫敦自然成為我的首選。然而，台北到倫敦約九千八百公里的距離，何其遙遠，或許是因為距離的發酵，更加深想要前往的慾望。

「我沒有出過國，但是好想去英國喔。」我對青梅竹馬的好友說。

「我也沒有出過國，要不然一起來個倫敦處女行？」說完，兩個小女生眼神瞬間充滿期盼。

「那你等我，等我存夠錢一起去！」我們開心地一言為定。

在我們心裡，倫敦是一個遙不可及的夢，相約未來的某一天要達成這個不可能的任務。沒有出過國的女大生，第一次出國不跟團就跑去這麼遠的國家，長輩都很擔心會不會有危險？但是任何理由都抵擋不住我們的瘋狂執著，想迫不及待地開始傳寫這趟英倫日記的楔子。

一開始為了自給自足、磨鍊技能的家教工作，後來伴隨著一顆對英國自助旅行的渴望，讓我曾經一週有三天都在教書，小心翼翼地堆砌著初旅的願望。就這樣一步一腳印地抱著講義奔走於前往家教的路上，靠自己的力量一點一滴地存錢。

經過三年的努力，我終於存到了旅費，要兌現當初登陸大英帝國的承諾！我們毅然決然放棄了大學的畢業旅行，也犧牲豐厚薪水帶來的物質滿足，只為了啟程這一天的到來。**前往夢想之地必然會放棄很多東西，但唯一不能放棄的，是那股磨杵成針的傻勁。**

或許，很多人不是缺少一個旅行的渴望，而是一顆滴水穿石的恆心。

征服珠穆朗瑪峰的菲傭

喜馬拉雅山的珠穆朗瑪峰是許多登山客心中的夢想，人生在世總要去一回。

乍看之下，一名平凡的菲傭莉莎（Liza Avelino）與喜馬拉雅山好像扯不上關係。她二十三歲時從菲律賓來到香港當外傭，一做就是二十年。她把工作所有的錢寄回家，常常自己餓肚子、穿不暖，有感而發地說：「我就像一條被擰乾了的毛巾，一無所有。」

在一個週末，莉莎獨自跑去香港摩星嶺健行，遠離城市的喧囂，想要暫時脫離生活的壓力。當她站在山頂，俯瞰整個城市的時候，感到前所未有的放鬆，那是人生第一次，她找到自己熱愛的事：登山。

之後她每個星期天一定去爬山，從香港的黃泥涌峽開始，走過四十條大大小小的山路，還遠征越南、泰國、緬甸和日本的山峰。莉莎在養家活口之餘，還有無比的上進心，她說：「雖然我只是一個菲傭，但是我不想要被看不起，我想進步，做個有野心的女人。」

我看了她的故事很感動，她不只是菲傭，還是一位令人肅然起敬的女人。

為了家庭，她選擇年輕時就出國幫傭；為了尊嚴，她步入一座又一座的山脈；為了登上珠穆朗瑪峰，她全年無休地工作整整兩年存旅費。生命短暫，四十歲的她想為自己走出更多的可能。

論工時，她一週六十六小時比任何人都長；論職業，菲傭這個名詞讓她感到自卑；論登山，業餘的她訓練跟裝備都比不上別人，但是她爬上了世界第一高峰：珠穆朗瑪峰。「珠穆」在藏語中是女神的意思，莉莎就是我心中新一代的女神，她在喜馬拉雅山上的笑容，說有多美就有多美。

「人生不只是握有一副好牌，有時候也是把一副壞牌打好。」我想起了美國作家傑克．倫敦的話。

有時候，握有一副好牌不一定會贏；得到一副爛牌不見得會輸。出發到英國之前，**我深刻體悟到所有現實的刁難，都只會讓我們成為更好的人。**

倫敦奇幻之旅，遊走在美麗的藝術之都

經過三年的努力工作，我終於抵達了夢想之地：倫敦。

我們沒有一眼停留在免稅商店、沒有一秒駐足在購物大街，我們憑著紙本地圖上原子筆標記的藍色小點，如熱戀的少女一般，迫不及待地品味倫敦大街小巷的每棟建築，瞻仰英國國家美術館（National Gallery）的史詩名作，又或者，如不可抑止的潮水，奔向泰德現代美術館（Tate Modern & British）的懷抱，在泰晤士河河畔貪婪地吸取現代建築中，具有溫度的工業風格。令人讚賞的是英國許多知名的博物館，入場皆是免費，不需任何捐獻就可以自由穿梭每個博物館、美術館之間，宛如北歐神話中諸神連結世界的彩虹橋。

經過朝思暮想的等待，穿越人群洶湧的街道，我們與大不列顛最美的大學相遇了。我們走向英國最古老的藝術學校：英國皇家藝術學院（Royal Academy of Arts）、倫敦藝術大學的中央聖馬丁藝術與設計學院（Central Saint Martins College of Art and Design），也走出了內心想要出國的渴望。行經長廊時，我想像著未來的自己，坐在長椅上畫著一幅又一幅的草圖，伴隨著凌亂的橡皮擦碎屑，旁邊放了幾本設計書……此時強烈的預想畫面，發酵成一碗沸騰的血漿，倒進我二十歲的青春裡。

即使每天走到腳快要斷了，只要能多看一些大學城，腳底的力量是春風吹又生，可以輕盈地跳一場芭蕾。我們毫不遲疑地闖入歷史最悠久的學府：牛津和劍橋，這是兩種截然不同的風情。前者充滿了中世紀的沉穩大器，它樸實溫潤的顏色已歷時九百年了，還是那麼耐看，憨厚地陪伴在利奧爾書院左右，化為亦古亦新的知識漣漪。後者則帶著康河的蔚藍和綿延的綠意，襯托著哥德式建築的國王學院，細水長流地訴說牛頓物理的演化，無論多艱難的演算也能優雅地在水面上悠悠而過，成為世界學術的標竿。

這些美麗成為我的英倫筆記，也鼓舞著我勇敢選擇留學之路。我在日記裡寫道：「有一天，我要化心動為行動，在國外的研究室裡留下自己的青春歲月。」

或許，倫敦奇幻之旅只是我人生中的一個中繼站，我帶著磨杵成針的傻勁，往下一座更高的山峰邁進。就像莉莎說的，生命太短，所以才要把握時間為自己走一條更勇敢的路。

說不定我們都可以成為下一個莉莎？或是下一個傑克．倫敦？最佳的答案也許是，成為更好的自己！

04

成績不是一切，態度決定你是誰

一年一度的神豬競賽又開始了，一頭比普通豬重十倍的千斤豬公，四腳撐開形成一個碩大的圓，綁在華麗的花車箱上受人朝拜。豬越胖，對神明越有敬意，哪怕是不人道的飼養。其實，我們都是豬，被迫吸收知識去參加考試，分數越高，越值得嘉許，人的成績宛如豬的重量，決定了人生的一切……

應該如何去看待成績？

以前到現在，我們的人生永遠跟成績脫不了關係。

考上名校的熱門科系，在學校外牆上貼滿喜氣洋洋的紅紙榜單，似乎是亞洲教育勢不可擋的流行趨勢。升學率更是家長心中考量就讀的最重要指標，成績高等於學校好，我從小到大也對此深信不疑。

對英語的狂熱更是不在話下，從雙語幼稚園、英文補習班、美語雜誌，甚至一對一的家教，會英文單字比會中文成語厲害。報紙每年層出不窮的報導托福、雅思成績破紀錄的勵志故事，但是你有印象有人分享過字音字形、全國語文競賽的榜首新聞嗎？

我淪為台灣體制下優良的考試機器，唸英文凡事以介系詞填空、文法死記為主，沒辦法，考試導向的學習就是這樣，拿到高分比較重要。但是，認真背單字就是會英文了嗎？

在教育資源城鄉差距嚴重的環境下，屏東小孩有機會開口說英文、認識語言是一件非常艱難的事，老師也迫於制度的要求，不斷超英趕美的超前進度，不考的沒人會在乎。名列前茅的我，從未領會過語言的真諦。

我以為，把單字拼對、音節發準，就是會講英文了，跟大多數「優秀」的學生一樣，我成為了英文一百分的啞巴，要我用英文開口聊天，需要先一番心理建設，突破種種的內心掙扎，才能破口而出簡單的一句：「你好嗎？How are you doing?」

這樣一路唸到大學的我，**終於在考托福的時候嘗到苦頭，第一次分數僅僅五十九分。**

我不知道怎麼去看待自己的英文成績，也不知道如何在追逐分數的體制裡找到自我價值。這樣的成績是不是很令人失望？我是否笨得像豬一樣……不停難過地開始懷疑自己、否定自己的能力。不斷力求托福破百的過程彷彿活在地獄十八層，充滿永世不得脫身的無助。

神豬美學的教育觀

我埋首苦讀在一系列的參考書中，挫折感橫生，卻又要一次一次地考下去，直到通過分數門檻為止。這天，我打開電腦，敲打著鍵盤，寫下了一段從小到大活在英文成績底下的內心獨白：

「她像無數的牲畜一樣，在一個西邊的籠子中被灌食拉丁字母，如果胖到一定程度，可以擺於祭典供桌上表達對智商的敬意，有多麼圓滾、就有多麼聰穎，在她內心，也一直渴望成為胖到無法翻身的供品，那是一種被認可的能力。於是，她開始瘋狂地啃參考書、注射單字溶液，只要乖乖地照單全收，有一天會無與倫比的肥美，然後光榮地死去。後來，她真的如願以償地死了。醫生剖開她的屍體的時候，腸子裡沒有一個字是被消耗吸收的，她被判得了陌語症。不過也無所謂，把肚裡這些殘餘片語，再拿去給另一頭牲畜吃吧，才不會浪費。

她記不得吃過了什麼東西，也發不出一個標準的音，這一層層的社會灌食系統，彷彿訴說著一個『都是為你好』的社會現象，不管原料的營養價值，多吃無害、多肉無病的真暴力美學。在成長過程裡，不僅身體變形，連心裡也追求變態地對待，目標達成以後，再用同一套痛苦教科書對待相同物種，無限循環的理論被稱為『青出於藍的物種進化論』。」

句句肺腑之言，在一行行黑色的象形文字裡化開，**我覺得自己是追求神豬美學的一頭牲畜，非得在自己的表皮刻上「特等」兩字，才稱得上榮耀。**

在成績至上的環境，大家可能覺得只有表現不好的人才會覺得痛苦的，實則不然，好學生因為在乎成績給自己壓力更大，反而是最不快樂的一群人。通常看到考卷在哭的，都是原本想要考一百分但只考了九十五分的學霸，他們不是矯情在落淚，只是把成績視為一切。

為了教師甄試僧多粥少的名額，多少流浪教師年復一年地在各縣市征戰？為了申請長春藤名校，多少學子在較量GPA、SAT和GRE成績？在過度追求分數的社會，人人信仰著神豬美學，無比虔誠。或許，我們都是一頭豬，用體重決勝負。

比成績更重要的是心態

美國心理學家安琪拉（Angela Lee Duckworth），曾經在公立學校擔任數學教師七年。她研究了數以千計的高中生後發現，有些成績非常優秀的學生，智商並非特別的突出；有些非常聰明的學生，學業也並非頂尖，最好和最差的學生之間的差異，無關最普遍衡量的指標「智商」，也無關「才華」。

她的研究指出，影響著一個人成功與否的因素不是智商高低、天賦才華、社交能力、顏值身材，而是「意志力」。意志力是一個人面對長遠目標時，對於熱情、毅力、耐力的表現，不只是這週、這個月，而是年復一年的累積。換句話說，短期成績評鑑的挫折，並不會影響他們看待自己的方式，依然努力實現自己所堅信的那個未來。

安琪拉的觀念深深激勵了我，**成功取決於我們是否願意失敗、願意犯錯、願意吸取教訓，甚至從頭開始的心態**。學習英文是一場意志力的馬拉松，不是為了在考試中奪標的短跑，即使遭逢成績失利，仍要堅持下去。

因此，我把唸英文這件事當成生活中的一種態度，即使白天為了現實生活奔波，每天下班後只有一個小時可以唸書，還是憑著意志力苦撐度過。除了坊間中文版的英語參考書以外，我還添購了許多直接給美國人看的英文教科書，以及觀看無字幕的動畫電影訓練聽力。這漫長的過程就像一隻烏龜匍匐前進，只要可以抵達終點，快慢不是重點。

隨著一次次分數的進步，最後一次托福考試，我終於考到了一個自己滿意的分數！最重要的是，我不再被成績所綁架，深信每一次盡自己最大的努力，不論成績高低，都值得驕傲。

態度決定你是誰

「羅傑・費德勒（Roger Federer）已經老了，早已不是球王。」當費德勒一過三十，這些不看好的朋友沸沸揚揚地討論著。

「三十歲有很老嗎？我覺得三十還是一個很年輕的人生階段啊。」我問。

「這你就不懂了，運動員三十歲開始就會走下坡。你看，他最近都贏不了納達爾。」男性友人肯定的語氣像是在分析一道不可逆的命題。

可是，三十以後的費德勒沒有如大家所預測的那樣，漸漸地在網壇消失。

他確實歷經很長的低潮期、傷勢不斷，包含二〇一六年因為膝傷困擾，整整一年與四大公開賽無緣。但在二〇一七年，他以三十五歲的「高齡」，拿下澳網跟溫布頓的男子單打冠軍，一代老將傳奇再起。登峰造極的還在後頭，隔年三十六歲的「費爸」一盤未失挺進澳網決賽，贏得個人生涯第二十座大滿貫，史上第一位，無人能及。他，是大家口中老了不中用的男人嗎？

史丹佛大學心理學教授卡蘿・杜維克（Carol S. Dweck）在《心態致勝》一書中，提出了人有兩種心態：「定型心態」與「成長心態」。擁有「定型心態」的人，總是急於證明自己比別人更有價值，將所有成果二分為成功或失敗，失敗的話就認為一切努力都白費了。

擁有「成長心態」的人，則是樂觀看待自己的所有特質，願意擁抱那些感到威脅、挑戰、批評和挫折的東西，並且相信透過努力可以充分發掘自己的潛能，繼續朝原本喜歡的事情前進。帶有成長心態的運動員、CEO或音樂家，都是標準的「不以成敗論英雄」的人。費德勒就是屬於這種。

他說：「網球比的是強韌的心理素質，正面的心態才是比賽的關鍵。」

他沒有因為年紀與傷勢而放棄網球，也沒有因為節節敗退、無緣冠軍而懷疑自己，費德勒不斷地調整擊球策略、發球方式，克服自己的缺點重回到球場，被世人視為是史上最偉大的球員之一。他熱中於自我挑戰，相信心理素質是可以培養的，縱使在失敗、成績不如預期時，仍有堅持下去的恆心，這就是成長心態的正字標記。

「影響一個人成功與否的特質，並非在出生時就固定。態度，才是影響個人學習、人際關係、終身成就的最重要關鍵。」卡蘿教授說。

以成敗論英雄的定型心態，就像是以重量比較豬公一樣，非贏即輸，無法改變結果。如果改變態度，相信成功是指做到最好的自己，而不是比別人好，不斷自我精進找出改善辦法，那麼你離成功也不遠了哪。

05 勇敢投遞夢想申請書

電影《貧民百萬富翁》中的來自貧民窟的賈默，參加全國電視的問答節目時，困擾他的往往不是題目本身，而是既有的選項。人生是選擇題嗎？一定要在A、B、C、D四種答案選一個嗎？什麼時候我們可以擁有不受限制的人生選項，自由填上屬於自己獨一無二的答案？

拒絕罐頭式的人生安排

下定決心要出國留學後，我不想和別人一樣找代辦，讓他們決定我應該唸哪些學校，只求有學校唸就好，因此我親自研究每一所學校的網站、學費、環境和教學風格，每個環節都不假他人之手。我也積極參與歐洲教育展、美國教育展、公費留學講座，仔細地閱讀線上留學平台與部落客分享的文章，並且一次次與學校老師面談，慢慢地建構出心中嚮往的藝術學校名單。

省下昂貴的補習費不去上設計補習班，是不希望自己的作品集淪為工廠生產線上大量製造的產品，風格幾乎一模一樣，變成一只模具成形的罐頭。罐頭有模板，符合社會的期待，好像是一種主流，但風險是找不到記憶點，將自己平凡化了；不做罐頭的話，沒有了框架與方向，看似叛逆，卻可以自由自在地做自己。

我從大學畢業的時候正值金融海嘯、無薪假盛行，政府順勢推出了22K方案，此後台灣的高學歷者便進入了低薪工作的惡性循環。師大的同學大部分選擇當實習老師，流浪在各個學校之間，等待萬中選一、金榜題名的希望；沒有立刻實習的便準備考研究所，沒有人想要在景氣低迷的時候進入職場任人宰割，當個領香蕉的猴子。

可是，除了當公務員、考老師、申請研究所之外，畢業生還有沒有其他人生選項？

我選擇在金融海嘯時進入職場工作，一條大部分學生不會選的路，他們覺得我瘋了。

「你知道現在外面景氣很不好嗎？你成績不錯趕快找個研究所唸吧。」A朋友說。

「現在都在放無薪假，哪會開缺去雇用一個剛畢業的大學生？你不要想不開。」B朋友緊接著附和。

身邊的朋友好心地開導我。這兩種建議其實沒有對錯，只是每個人有自己的選項，**無須盲目選擇大家都會選的那一個，也無須害怕沒有跟你選一樣的。我們不是罐頭，是屬於不一樣的選項，而且我相信每一種選擇都是好的。**

工作對我有非常重要的意義：一來是我堅持大學之後就不拿家裡一毛錢，必須支付自己在台北的房租跟生活費；二來設計領域重視實務經驗，在工作中可以累積經驗，熟悉設計技巧與商業運作；再來是進入職場之後，才能更確定自己未來的目標跟設計環境、留學領域是否契合，所以毅然決然地加入爆肝的行列。

生命從來就沒有應該要是什麼模樣，不要被既有的選項所困惑，也不要讓別人去決定你該怎麼活，永遠去追尋自己獨一無二的人生解答。

收到錄取通知書後的兩難抉擇

在那些準備考試與申請學校的日子裡，我壓力大到長針眼、月經失調、體重下降到四十一公斤，加上慣性失眠，常常睡不到三小時。除了每個固定支出的房租，我存錢考了一次又一次的托福、來來回回奔走於印刷廠之間，親手打造絕無僅有的手工作品集，終於遞出美國研究所的申請書。因為每一份準備文件的費用都是靠自己的力量掙來的，即使戶頭趨近於零，內心卻充滿了踏實與獨立的滿足感。

幸運的是，我寄出的申請書有了不錯的結果，紐約視覺藝術學院（School of Visual Arts）、普瑞特藝術學院（Pratt Institute）、加州藝術學院（California College of the Arts）以及薩凡納藝術設計學院（Savannah College of Art and Design），紛紛來信表示通過了我的入學許可。

〝Dear Meng Chih, Congratulations! On behalf of the Committee on Graduate Admissions, it is my pleasure to offer you admission to the School of Visual Arts for the Fall 2011 semester. You are invited to begin your studies in the MFA Computer Art program, with the start of classes on Tuesday, September 6, 2011.〞

這段錄取通知書上的話，我不知道重複看幾遍，內心好似火山噴發般的激動。紐約視覺藝術學院是我的第一志願，對我來說宛如聖殿般的存在，但是，千辛萬苦收到名校的錄取通知單之後，內心卻百感交集……**因為一旦確定入學，就要在規定的期限內把學費付清，一個學期這麼貴的學費，究竟要如何籌措出來？**而且接下來第二個、第三個、第四個學期的學費，我該如何應付？想到這裡，我的心頓時涼了半截，消沉的意志宛如落入冰湖底下的最深處，黯然神傷了起來。

朋友看出我的掙扎，安慰地說：「現在只要家裡有錢，沒有才華的人都可以出國。沒有錢再有才華，只能在台灣領22K。你真的盡力了，不能出去並不是你的能力不好，是真的唸不起。你能夠拿到錄取通知書就是最好的肯定。」

放棄這條路，對一個二十出頭的年輕人來說，是何等艱難。**我試圖在書店裡翻閱那些給過我勇氣的名人傳記，卻找不到同樣的例子**。成功故事的主角都有著過人的能力，同時家裡也是百分之百負擔他們的學費，好讓他們無後顧之憂地成長。對於一天到晚在省錢的人來說，出國難道是天方夜譚般的遙不可及，永遠沒辦法突破嗎？

在歷盡艱辛拿到錄取通知單之後，卻沒有錢繳學費，我不甘心……或許三十歲、四十歲以後，我可以賺到一筆足夠的費用出國唸書，但一生一次的青春歲月就讓它悄悄地流逝掉嗎？如何才能不靠爸爸媽媽籌措巨額的學費呢？

我應該要放棄錄取名額留在台灣繼續工作？還是要等待十年再出國深造？人生，有沒有其他不一樣的選項？

你的選擇，決定你是什麼樣的人

「如果我貸款三百萬去紐約唸書，這輩子什麼時候才可以還清？」我問朋友。

「傻子，你爸媽一定會付的啊，不用自己還。你看那些喝過洋墨水的人，有人自己還的嗎？」好多人這樣回答。

「我們家拿不出這麼多錢，而且我不允許自己讓家人這樣做。」我一再宣示著決心。「或者，可以申請獎學金試試看？或是一些出國的相關補助？」

「你都拿到外國學校的Offer了，不管你最後選擇哪一條路，都是最棒的。」好友打氣地說。

如果想像自己正在參加問答節目，我會如何回答以下這道題目？

請問：「你會選擇什麼樣的方式出國留學？」

A. 應該全心全意專心讀書，並且在未來找個好工作。學費、生活支出留給父母操心。

B. 除了課業，應該要申請獎學金，剩下再由父母資助。

C. 申請獎學金以外，應該在課餘打工賺錢生活，也接受父母寄錢來支援生活開銷。

D. 不接受任何家裡的資助，自己背負全額的留學貸款，同時申請獎學金與打工機會養活自己。

我很清楚自己的選擇是最硬的D選項：自己籌錢負擔一切，無論是獎學金還是貸款。當機立斷作好決定以後，我便奮力一搏地去爭取每一個機會。

公費考試、申請獎學金這種東西其實有點虛無縹緲，像是在登山一樣，如果失足滾下山去，身體會被強撞重擊痛得不得了！考試失利的話，豈止身體難以承受，連心都在淌血。然後失敗之後，我們在深淵裡療傷，等待內心再度強壯起來，不氣餒地重新挑戰下一個目標，如此循環著。**有很多獎學金用盡全力地申請，不一定會成功，大多數的準備資料不僅費時費力，甚至會無功而返，但是被拒絕滾下山之後，不要忘記勇敢爬起來，再朝另一座山頂遞送你的夢想申請書。**

不知多少個夜晚，我忙著撰寫申請書、擬定研究計畫，累到無法言語；不知多少次等待，獲得面試機會，在面試官前展示自己的作品，侃侃而談自己的設計理念。我不知道是否能成功，只知道不能不盡力地對待自己的選擇。萬一試了以後失敗，我並不會後悔；如果不去試試看，我可能一輩子耿耿於懷。

記得二〇一一年五月三十一日，一個一如往常工作的日子裡，朋友突然傳來簡訊：「孟芝，你考上教育部留學獎學金了！恭喜！」

我的腦中一片空白，這個突如其來的好消息讓我不知所措，過了很久才意識到這是千真萬確的事實。回想過去一年，我從掙扎到平靜，從平靜到重新展開行動……長期以來，緊繃的情緒終於在這一刻，徹底釋放。

雖然獲得將近一百萬的獎學金不能夠負擔所有的學費，剩下的財務缺口必須用貸款填補，但是我自己選擇扛下這份重擔，就算只去一年沒有拿到碩士文憑就回台灣也沒有關係，人生一定要出去走一回，哪怕只有一年的時間也好。

亞馬遜創辦人貝佐斯（Jeff Bezos）曾說：「你的選擇，決定你是什麼樣的人。」一路以來，雖然總是選擇最辛苦的那條路走，但是我從沒有後悔過，這是自己真真切切想要成為的模樣。

那晚，我靜靜地把錄取通知拿出來，並在回覆欄上簽名，同意入學。我真的確定要去紐約唸書了！

從此，夢想不再只是夢想而已。

PART 2

紐約築夢物語

06

異鄉追夢的絕境力

出國之後，不僅沒有歸屬感，還必須承受無止無盡的焦慮蔓延，生怕繳不出學費、付不起飯錢。或許，我們都擁有一對被遺忘的翅膀，往往跳下懸崖後，才能在絕境的風中，找到自己從未發現的力量。

望月思鄉的異鄉人

夏天的日落灑在曼哈頓的島上，把每一棟建築鍍上了金箔光輝，底下的每一個人，都懷抱著自己的理想，在「大蘋果」中耕耘屬於自己的夢。我隻身拖著一只皮箱抵達甘迺迪國際機場，無人接機，提著行李，獨自在陌生的環境找尋方向。

紐約是象徵文化大熔爐最貼切的國際都會之一。路上有穿著非洲傳統服飾的婦女、地鐵上伊斯蘭留學生一身罩袍坐在旁邊、猶太人頭頂著小圓帽穿梭在辦公室裡……這些人跟我一樣，努力在這個大城市裡求生存。在絢麗的城市裡，不論身分是什麼、年薪有多少，人們同樣呼吸著街上滲出的餿水味跟地鐵新鮮的尿騷味，搭上永不準時的班車，被困在沒有訊號的地底下，不幸剛好遇上沒有冷氣的話，更是燠熱難耐。這才是百分之百的紐約日常生活。

這些從身邊經過的男男女女，多數大有來頭：像是某個新創公司的CEO、國際間搶著簽約的知名作家，或是百老匯的傳奇表演者等，他們身上散發著炙熱的生命強度，在平凡簡陋的空間中堅持自己的夢想。或許，使這座城市充滿生氣、閃閃發光的，不是光芒萬丈的豔陽，而是來自市井小民為了生活努力奮鬥的眼神，散發著一股熊熊不可滅的鬥志。

距離台灣一萬兩千公里遠的國度裡，我完全沒有認識的人，一個人的生活默默進行著。在完全沒有預算買棉被的情況下，只能夠在狹小的宿舍裡蓋著外套瑟縮而睡、吃著路邊餐車五塊錢的印度雞肉飯，甚至在大都會博物館裡被變態吃豆腐親脖子，還被路邊假裝是流浪漢的精神病患糾纏詐財……縱使眼神惶恐，但是內心充滿堅定。

所有離鄉背井的遊子，或是從世界各地來紐約追夢的旅人，都會在思念故鄉的夜晚，把所有情緒延伸到寂寥的遠方，掛上屬於鄉愁的月。不論身處何方，我看著它，這座城市也看著它，我們看的永遠是同一個月亮，這座月亮叫故鄉。

你能忍受多少孤獨寂寞？

身為一個外來者，無論再怎麼融入西方文化、講的英文再怎麼流利，終究是一個沒有歸屬感的暫時寄物櫃，把行囊託付在這裡，總有一天會離開前往下一個目的地。努力追求的時候，寂寞會如影隨形，但忙碌是孤獨的止痛劑，讓我暫時忘卻追求夢想的副作用。正因為脫離舒適圈，這股短暫的陣痛反而可以忍受，在獨立的同時更能珍惜微小的關心跟遠方的溫暖。

唸大學時，有一個教授曾經說：「國外最煎熬的，就是寂寞。」那時候的我聽得懵懵懂懂，心想出國不是應該很快樂嗎？為什麼會寂寞？

如今我身在美國，處在五坪不到的狹小宿舍，每天一個人生活著。這個套房很老舊，有一扇極小的窗戶、陳年的木頭書桌、隨時隨地掉漆的牆，跟不穩定常常斷線的網路，房間裡充斥著外面街頭車水馬龍的聲音，夾雜著紐約客忙碌的腳步聲，與我從早到晚響不停的鍵盤聲共譜圓舞曲。

我是一個很喜歡與自己獨處的人：喜歡一個人扛著物美價廉的二手家具回家，花不到兩百美金就搞定一切生活所需；喜歡自己組裝家具、裝修水電，當電腦主機壞了，也能當一個拆解電路、重新換零件的女漢子；喜歡蹲在地板上用電鍋煮粥，一鍋大雜燴可以吃一週，省下不少伙食費；喜歡第一次看到下雪時，衝出去淋雪的興奮感，冷凍在異地生活的孤獨感……我終於懂了當初教授在課堂上說的那句話，背後有多沉重。

寂寞的時候，上臉書看看遠方的朋友的動態；鬱悶的時候，播放Youtube影片，捧腹大笑一番；想到家人的時候，難掩壓力地放聲大哭……地球另一端的個人空間，有它的精采，也有無奈，這個隱密的場所乘載了我所有變化無常的情緒、五味雜陳的心思。**脫離舒適圈的艱辛，唯有親身走過一回才知道，浪跡天涯的皮箱裡，裝的是追夢的靈魂與不得不撐下去的骨氣。**

生存是唯一的選擇

有句話說：「有選擇的叫生活，沒有選擇的是生存。」

生存是我第一年到紐約的唯一念頭。剛到紐約的我，身上只帶著工作存下來的一點錢，不到三千美金，卻要過接下來的兩年，常常不知道下一餐在哪裡。

由於剛領到教育部獎學金，全部都拿去繳學費了，甚至要借助貸款才能付清。心慌的我，焦頭爛額地在國外找尋其他獎學金的機會，搜索著生活下去的辦法，不放棄任何一點希望。有一次跟學校的韓國同學聊天的時候，他分享自己的經驗：「我是拿韓國的公費出來的，而且紐約視覺藝術學院為了鼓勵同學申請校外的獎助經費，還會額外給一筆錢，叫做旅外獎學金（Matching Outside Scholarships）。」聽了之後，我立刻手刀衝去申請旅外獎學金，多達三千塊美金。原來國外當地的獎學金，有些是可以給外國學生申請的，自己多做功課、多聽多問是不二法門。

紐約最貴的不外乎就是住宿。因為第一年人生地不熟，我選擇住在學校宿舍裡，想要等到熟悉附近環境以後，下學期再搬去房價較低的郊區居住。但是那年學校政策突然改變，規定新生一定要住滿一年，否則不能搬離宿舍。情急之下，我去找舍監（Dorm Officer）溝通，親自寫了一封長信解釋自己的家境情況以及一定要搬離宿舍不可的理由，來來回回長達兩個月之久。雖然最後談判的結果是依然不能搬離宿舍，但考量到我的經濟狀況，校方提供我三千美金的經濟資助（Financial Aid），通常經濟資助只開放給美國人申請，國際學生的資格不符，所以我非常感謝舍監為我爭取這項權利，算是讓我半價入宿。**權利都是自己爭取的，勇敢去改變現狀，一切都有可能。**

為了生存，我也寫信詢問系上，有沒有其他的獎學金可以申請，系上建議我申請助教（Lab assistant），一學期的薪水相當於一半的學費。因為我的研究主要是跟網際網路相關，所以申請的是網際網路助教（Web Assistant），這個職務除了讓我能夠發揮所長、管理學校的網路系統之外，也可以練習英文，增加與學校教職人員接觸的機會，是很正面的影響。世上無難事，只怕有心人，不論是學校、宿舍或是系上，在心陷絕境的時候都對我雪中送炭，給予不少經濟上的支援，我才有機會完成學業。

在完全沒有生活費，又背負百萬學貸的經濟壓力下，我必須瘋狂兼差，才能一邊讀書、一邊求取溫飽。**我想證明留學並不是只有有錢人才可以做到的事，紐約不高貴、美國不偉大，真正使自己內心踏實的只有苦幹實幹的努力，和一份不讓家裡擔心的責任感。**值得慶幸的是，我來的是紐約，地鐵四通八達，不用砸重金買車，住遠一點也找得到比其他州更便宜的房子，依然可以享受到這個城市無比的活力跟無窮的機會。或許，人都是被逼下懸崖後，才學會飛的。留學讓我把自己逼到絕境，於是更強大地活過來。

在異鄉做個美麗過客，獨處時學會與自己的寂寞對話，絕境時激發出強烈的生存鬥志。畢竟人生不可能一帆風順，何不就與浪花為伍，一起來場轟轟烈烈的冒險呢？

07 活出自我，脫離取悅別人的人生

心理學大師阿德勒說：「你不是為了滿足他人的期待而活，而別人也不是為了滿足你的期待而活。」不要在意他人的評價，也無須尋求他人的認同，去思考、去接納自己原生的樣貌，你唯一需要取悅的人，就是自己。

忘了自己是誰，從考試機器變成比賽機器的悲哀

在台灣經過國、高中的琳瑯滿目的學科與術科考試試煉，再到大學四年的設計訓練，是從一台考試機器到比賽機器的過程，我們的所作所為是為了通過某一種測驗，而不是真心體會知識所帶來的真善美。考試不考的，不唸；比賽不提的，不碰，從小到大，成績競賽導向的教育都沒有停止過。

時常聽到別人的反應：「這有什麼用？有加分嗎？有考績嗎？能賺錢嗎？」所有不在評鑑裡面的項目瞬間變成了「沒有用的東西」。

以為脫離了聯考，迎接我們的大學四年卻是一圈更大的田徑賽道，設計系可能第一道跨欄競賽是時報金犢獎、第二道跨欄學生海報競賽、第三道跨欄系上年度評分排名……我曾經一道又一道地衝刺跨越各個獎項，但接踵而至又有下一道障礙、下一個比賽，無止無盡，比考試更痛苦。

我並不否認考試跟比賽的價值，當然這是一個很好的學習機會，可以大量觀摩別人與磨鍊自己，所以我曾經都非常投入，只為了在校內校外的競賽得到更好的名次。而我們要做什麼樣子的設計，也是由不得自己的。比賽會有贊助廠商，會依照他們的要求指定主題，學生根本不用煩惱自己要做什麼樣子的設計，只需要想辦法在畫面上加巧思、在美學裡求變化；大家的作品打開來其實很類似，一來符合客戶的品牌形象，二來議題雷同，很對評審的胃。

但是當比賽結束，創作就結束了，思考模式跟風格取向不斷地被比賽斷層切分成毫無關係的山丘，阻斷連接自我意識的道路，只剩下客戶是誰，要幫他們做什麼。久而久之，我發覺自己完全不會思考了，像是一隻旋轉一圈半入水的表演型海豚，獲得如雷的掌聲，在水裡的我卻聽不到水平面上一丁點聲音，在藝術的漩渦裡，我的靈魂在哪裡？我又應該往哪裡去？

我們心心念念去討好客戶，把自己活成別人的期待，忘了自己是誰。

什麼時候可以不再做一台機器呢？什麼時候不再以名次來衡量自身的價值呢？如果沒有考試、沒有比賽的世界，我可以成為什麼樣子的人？

認識自己為什麼這麼重要？

印象中，在台灣的課堂上從來沒有介紹過自己，開學第一堂課總是老師點名，叫到名字後「有」一聲就可以。在美國，每一學期的第一堂課，都要對全班介紹自己，像是我是誰、擅長什麼風格、想要研究的主題等。看似簡單的一件事，我卻從來沒有練習過，納悶地心想：「我是誰有很重要嗎？為什麼不趕快上課，要浪費時間介紹自己？」

介紹自己不單只是讓別人認識你，也是定義自己、思考自己的過程。透過每一個人的自我介紹，打開了一條通往世界的通道，原來這些同學來自世界每一個角落：有印度工程師、科威特伊斯蘭教的藝術家、挪威大學生、泰國動畫公司老闆……坐在教室的一角的我，頓時感受到周邊擁有著宇宙般無限的能量，相較之下自己是多麼渺小與無知。每一雙異國的眼神都是我的鏡頭，藉由他們的自述重新調整望向世界的角度，並在目光折射裡找回自己的成像。

我是誰？這個名字背後又代表什麼？不管我們是什麼樣子，都是獨一無二的自我，沒有任何答案是錯的，也沒有人可以否定任何獨立個體的存在。

在一次次的自我介紹中，我發現亞洲人在介紹自己專業的時候，常常是以「技術」來說明自己的理念，比如說他們會回答研究的是：3D動畫、動態圖像、裝置

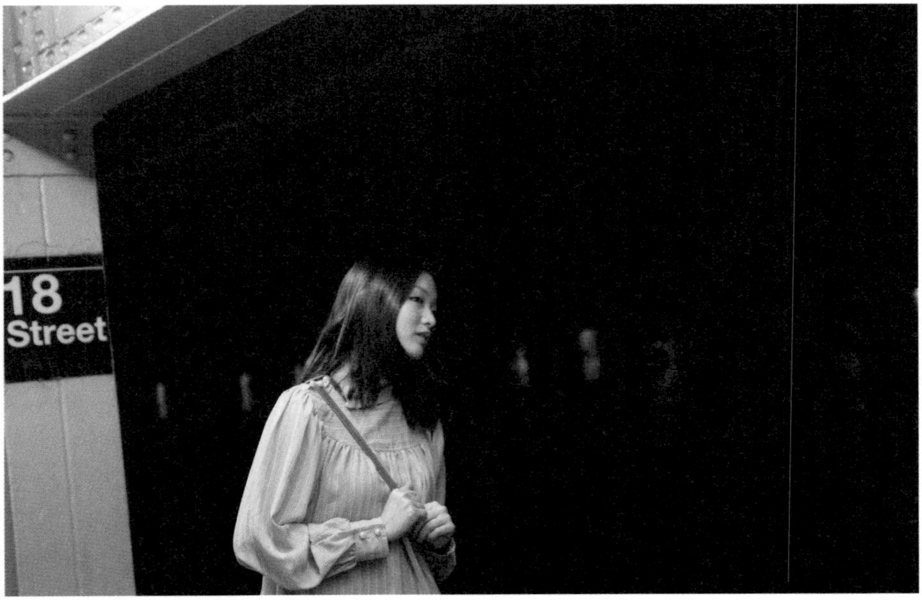

下圖：照片來源由《今周刊》提供

藝術等。外國人的回答就稍微不一樣，他們常常會表達一些抽象的概念，例如：「我想要研究怎麼說一個好的故事（Story telling）。」他們注重的是觀念上、思想上、故事裡的突破，即使技巧有限，只要故事動人，依然是一部好的作品；反之，沒有骨幹，空有華麗的斗篷，怎麼看起來都是薄弱的，無法在心頭留下深刻的一震。當亞洲思維還停留在研究先進的軟體跟酷炫的技巧時，他們不單只是思考表層的漂亮程度，反而專注於如何表達人文情感。

老師也可以透過自我介紹認識每個人，從中協助學生完成專研的領域。我記得那時候自我介紹時，發自內心地說：「從前我在學校或是工作上有很多商業作品，但隨著時間越久卻越迷失自我，處處想要討好客戶、取悅別人。因此，我決定在未來研究所的兩年裡，想要做實驗性、開創性質的作品，不再是為了任何人，或是被任何利益所影響。我們畢業後可能在業界為他人做設計二十年、三十年，反而只有這兩年，我可以隨心所欲做自己真正想做的東西，為自己而活。」我終於明白，自己可以不為了誰，好好做一場創作。

不再為了取悅比賽評審、客戶、雇主，讓我第一次感受到自我的存在、認識自己的價值，在迷惘之中重新定義自己真實的樣子，任由內心的聲音導航前進。

人生不是為了取悅別人：為自己發聲

研究所第一年，大家最常聊的一個話題就是：「你的畢業製作（Thesis）想要做什麼？」

一開始總覺得才剛入學，怎麼知道畢業製作的主題想要做什麼呢？在課堂上，我們一遍又一遍地丟出各式各樣的想法，並且在學校的資料庫中，找尋以往畢業生們的心血作品。在這個過程中，我開始感受到系上選擇主題的思維：「個人化（Personalization）」。

大家開始訴說著「自己」的故事，以「自己的人生故事為出發點」構思。這跟我之前的經驗完全相反，記得有一次在台灣的畢業製作中，我提到要把自己的名字作諧音，當作作品名稱，得到的評語是：「這麼做太個人化了，不適合。」**在亞洲社會文化中，我們習慣隱藏自己，做著主流的議題、取個好聽的筆名，試圖把自己的存在壓到看不見的部分**，連大聲說出自己名字的自信都不敢，怎麼能夠期待做出一個以自己的背景為出發點的創作呢？

然而，在紐約視覺藝術學院，我被每一個訴說自己的作品感動著，一位名為達斯汀・格雷拉（Dustin Grella）的學長，在二〇〇九年的作品《和平的祈禱者》（Prayers for Peace）特別令我難以忘懷。他手繪幾千張的動畫影格，描述自己的親生哥哥德文・格雷拉（Devin Grella）在伊拉克靠近納杰夫城市的戰爭區，幫忙運輸軍事用柴油引擎油輪，卻不幸被殺害的傷痛事件。由於畫面太美、故事又太悲傷，我永遠沒辦法忘記看完短片後，久久無法言語的震撼。這是達斯汀的真人真事，格外動人心弦。

《和平的祈禱者》被世界上將近兩百個影展選中，贏得超過四十項大獎。原來，我們可以不為了取悅社會而被動地接受主流公式；也不需要為了迎合客戶去強調商業價值，所有的情節與轉折可以在我們成長的回憶與經驗裡找得到。它一直都在，只等待我們去發現。

過去，我在太多比賽裡迷失了，也曾在客戶的提案過程中，漸漸地失去了熱愛設計的初心。**當我明白可以不用再抽離自己原生的文化，不需要再對自身經驗視而不見，彷彿一切都變得不一樣，心底不斷湧出各式各樣的想法，開始接納自己，找回自己活著的方式。**這個過程不單單發生在我身上，每個人都有類似的化學變化，他們在課堂分享著自己的成長史：青春年少時面對最好的朋友突然驟逝、素食主義者對於生命的感觸與呼籲、身為同志訴說著一段刻苦銘心的戀愛經驗、故鄉因為環境污染變得滿目瘡痍……等。每一段真情告白都是獨一無二、為自己發聲的故事。

日本建築大師安藤忠雄曾說：「追隨多數必然迷失自己。唯一能做的，就是繼續自己想做的事，活出自己。」他的作品從來不去迎合任何人的胃口，從水之教堂、光之教會到表參道之丘，用灰暗的清水混凝土打造簡潔洗練的設計風格，一眼就能看出是他的建築創作。

如果人生不為自己而活，處處討他人歡心，有什麼意義呢？我們活著的責任之一，就是好好地愛自己，相信自己，無論如何，不要讓別人去決定我們該怎麼活。

勇敢為人生創作屬於自己的篇章，去取悅那個最值得被愛的自己吧。

08

不完美卻真實的你，是最美的

在這追求完美的世界，把自己的缺點暴露出來是需要勇氣的，害怕自己的不完美會被一雙雙嚴厲的眼神排擠，所以我們用衣服遮掩脂肪、用化妝掩蓋瑕疵，更用磚牆把悲傷情緒堵住，生怕它一而再再而三地跑出來擾人。其實，我們恐懼的不是缺點本身，而是不被社會接受的眼光。

害怕不被接受的恐懼

一開始跟許多老師討論論文的內容，有長達一個學期的腦力激盪，丟出各式各樣的想法跟一些籠統的概念，像是要做垂直視差捲動實驗（Parallax Scrolling）、海地生物的保育機制等。不過歷經幾個月的反思，我心想，這些東西到底跟我的人生有什麼關係？在第一年課程結束的暑假，我毅然決然把原先的想法都推翻了，**然後開始挖掘內心最深處的恐懼：語言。**

為了考托福、為了在紐約立足，我把英文單字猛灌到腦海裡，強行輸入的結果使自己的身體與心靈產生相當排斥的副作用，好多次看到英文都想吐，然後在宿舍裡崩潰大哭。為什麼用英文寫報告這麼痛苦、為什麼沒辦法好好表達自己？不只心被哭碎了，整個身體也搖搖欲墜，靈魂感覺隨時會被真空隔絕起來，然後再也感受不到世界的溫度。

「如果英文不夠好，美國人是不是會歧視我？用言語霸凌我？」**恐懼不僅來自內心的挫折，更多源自於社會的壓力，害怕無法融入群體、無法被他人所接受。**

恐懼無時無刻會在生活中發生。二〇一五年，ＢＢＣ選出的百大女性之一，來自巴基斯坦的藝術家Muniba Mazari，曾在二十一歲時發生重大車禍，因為傷勢太重，不僅一輩子無法作畫，甚至無法行走。她害怕的事一一發生了，連一個做母親的夢想也被剝奪。醫生告訴她：「你再也不可能生孩子了。」頓時，她失去了活下去的意義。

但是，比Muniba終生坐輪椅、無法擁有自己的孩子還要痛苦的，卻是不被其他人接受的恐懼：「別人會怎麼看待我？會不會認為我是個怪物？是個累贅？我會不會被大家唾棄？」

她決定把自己的恐懼一一列下來，然後去面對它。首先，她勇敢選擇離婚，並且決定領養小孩，實現做母親的願望，之後她加入巴基斯坦國家電視台做主持人，成為聯合國婦女署駐巴基斯坦親善大使，把自己的故事分享給世界，告訴他們恐懼並不可怕，重要的是面對恐懼的心。

Muniba說：「生命是一場試驗，當它給你檸檬，你就做出檸檬汁。當你接受自己的樣子，世界才會認識你。」如今，Muniba不僅被世人接受了，更被評為英國廣播公司（BBC）一百位最具啟發性的巴基斯坦女性之一、富比士三十歲以下傑出人士之一。

這激勵我把自己跟語言奮鬥的挫折、焦慮、沮喪、害怕等各種情緒，變成作品。我坦然地面對自己的恐懼，用一顆破碎的心去提煉作品的精髓。**我們都曾經誠惶誠恐地覺得自己沒有存在價值，比不上別人，但是不完美的地方，反而是無法取代的獨特之處，這樣才是真真實實的我們哪。**世界上哪有比坦然做真實的自己更舒服自在的呢？

接受自己的不完美，就無懼他人的眼光

社群軟體的發燒成了留學生心靈的慰藉，至少在網路的世界裡，隨時可以按讚、留言，讓我們不覺得自己離台灣有多遠。Facebook、Instagram的興起令人時時刻刻營造出自己最完美的一面，大家的發文不外乎是畢業了，找到工作了，金榜題名

照片來源由《今周刊》提供

了，結婚了，生小孩了，出國旅遊……好像每個人的人生都飛快地前進，沒有任何一絲醜陋的可能，各個完美得不得了。是不是大家的生活都如此順利，只有我在國外苦哈哈的還找不到下一餐？在追求完美的世界裡，自己一點點的不完美都讓人難耐。

近幾年在Instagram上，許多健身網紅紛紛響應一個自發性的活動「其實平坦小腹並不存在」：在同一天，同一時間，同一個女孩拍下兩張照片：一張是完美的姿勢，深呼吸繃緊肚皮，找到適當的角度捕捉快要窒息的小腹，平坦甚至帶有讓人羨慕的比基尼線條；另一張則相反地，完全放鬆的自己，任由大肚子重墜在空氣中，又皺又胖的，比原先的照片看起來足足多出了五公斤的體重。不要懷疑，這是網紅在生活中百分之八十的真實自己。

光圈太大，會美化生活中的背景，但被模糊不代表不存在，尤其是那些被美化的缺點。

好多女孩深深被這樣的活動所感動，再也不是炫耀身材的蛻變，而是上傳生活中百分之九十九的不完美曲線，取代社群媒體前面百分之一的完美體態。知名健身教練Anna Victoria表示：「兩張照片我都同樣的喜愛，這傳達了強大的訊息：我們沒有必要為自己的肚皮、游泳圈、妊娠紋、脂肪團感到羞恥，急於想要剷除它們。這些是正常而且完美地存在，不是所謂的『缺點』。」

讓我們的缺點被看見，是因為不想要盲目地活在社群軟體的美好表象裡，我們想要以真實、正確的距離去理解別人，以及自己本身。

最美的作品是真實的自己

研究所第二年，我戰戰兢兢地把重新擬好的論文題目與架構提交給系上，意外的是老師跟同學都沒有提出要修改的意見。論文經過半年反反覆覆地撰寫，完成創作的序章，一切都比想像中要來得順利，好像一切的擔心都是庸人自擾。

因為是自己的故事，做起來動力十足、熱情百倍。我從累積整整一年的個人化閱讀資料庫建立起，找方法分析各種資料，並且創立了視覺化的邏輯規範：文字要依據什麼樣的關係連結在一起？在點跟點之間又可以產生什麼樣的轉變？每天走路都有無法抑制的思考串流。

由於長年以來累積了自學的習慣，我自己摸索研究著資料視覺化中，關於文字分析的工具跟軟體，再依據內心的想像來設計使用者介面，同時構思腳本、拍攝影片素材、用After Effects剪接做特效、找短片作曲師，並且開始寫程式在多個軟體中高速切換著……雖然所有事情攬在自己的肩頭好累，卻也好滿足。感覺自己某一部分的缺口被填補了，自我價值被實現了，在作品中刻畫自己最真實的樣子。

我把這件語言創作命名為《陌語莫語》，寫下作品理念去傳達與對社會的反思：

此次創作以「學習」做為靈感，產生個人化超過兩萬個單字的數據，重新連結我們所看見的字裡行間，賦予一種詮釋語言的新定義。人追求的是知識？是地位？還是這個社會看待你的角度？亞洲社會一窩蜂的英語崇拜主義猶如星際浩瀚迷絢般的華麗祭典，沒有靈魂軀殼的慶祝儀式是否可以得到心靈的滿足，無憾地拿一切去交換？

「文字是代幣，在不同的世界裡交換思想價值。」文字符號從一開始就被人類利用成得到權力的工具，掌握主流文字的人為貴，不諳流行語言的人為賤，以此區別你我，卻忘了文字最單純交流本體意識的本質，一種了解生物思維的美好，而不是分化群體的武器。

《陌語莫語》歷經長時間的醞釀，發掘言辭之中不為人知的視覺體驗，把千言萬字的學習過程透過數據視覺化的轉變，產生千思萬緒的點與線，每一條線都是說不出口的隱形聯結；每一個點都是似曾相識的陌生句語。曾經看了千萬遍的單字，是否讓自己更貼近廣大世界，還是離原生文化越來越遙遠？此次作品以一系列對社會的觀察中，挖掘被迫學習中人類所產生的消化不良反胃反應，連結成一條條色彩斑斕的線網，那是存在在我們腦海中的模糊又清晰的閱讀記憶。

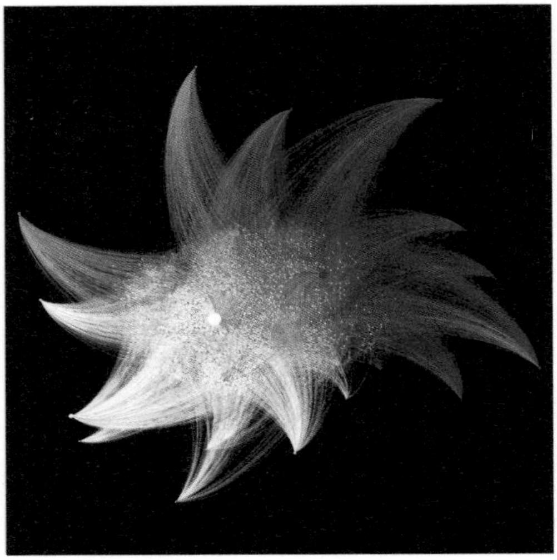

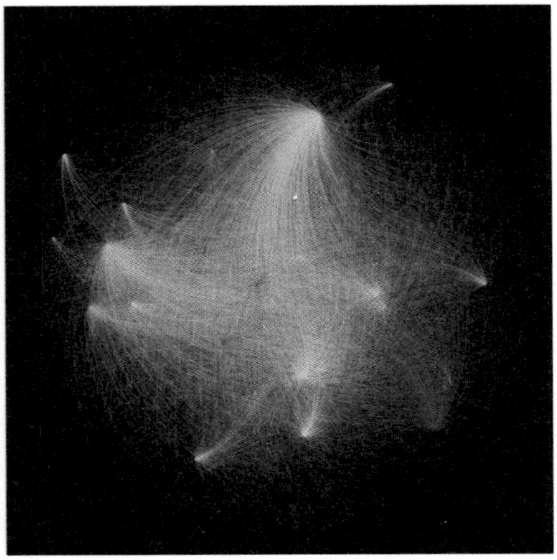

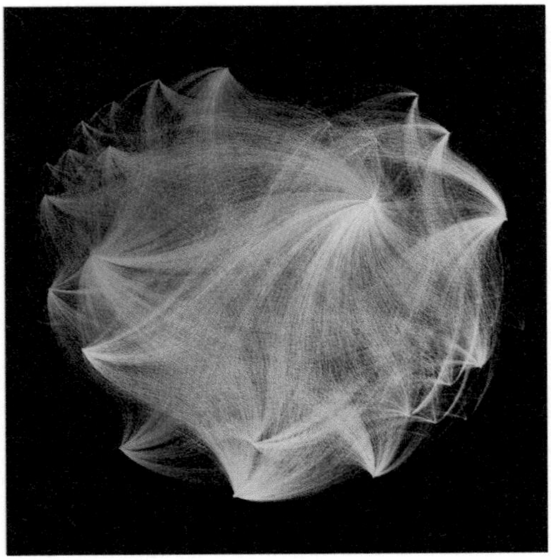

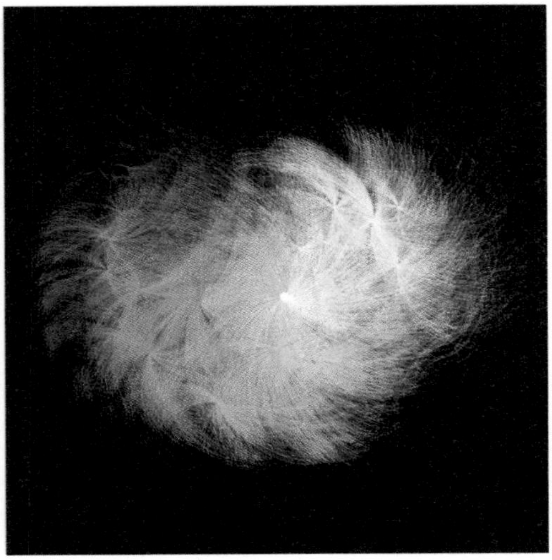

雖然對成品媒介、呈現方式，還在未知摸索的階段，但是我強烈感覺到自己走在對的方向。每一次在畢業製作的課堂上，當我發表自己的進度報告，得到的回應大多是：「真美！朝這個方向繼續做下去。」說也奇怪，當你開始接納自己的好與壞，身邊的人就會對你產生極大的自由跟鼓勵，慢慢認同與欣賞不完美卻真實的你！

研究所課程接近尾聲的時候，系上會在學校位於第八大道跟二十三街的專屬戲院，播放每個人的作品，當作畢業製作的首映發表會。這是個正式隆重的舞台，也是我們第一次曝光這兩年來的研究心血。許多家長都會千里迢迢地從美國各地、歐洲甚至亞洲前來支持，場面溫馨感人。

當我上台時緊張萬分，只聽見心跳聲大力地猛跳，當聚光燈一打在我身上，眼前像是被神秘的黑色絲綢覆蓋，看不見台下一顆顆好奇的人頭。我懷着緊張、激動、興奮的心情感謝所有老師、同學對我創作的指導跟鼓勵，才能讓我選擇勇敢說出自己的故事。

原來，你對自己的價值，會大大影響別人對你的認同。**當你學會接受自己，世界就會開始認同你、傾聽你，並且回應你誠實的感受。**

世界上最美的作品，莫過於真實的自己了。

09

勇闖世界，躍上國際盛事的舞台

生活在一個連網際網路都還不曉得的年代，普普藝術教父安迪．沃荷（Andy Warhol）大膽預言：「在未來，每個人都能成名十五分鐘。」如今處於資訊爆炸的自媒體時代，我們應該如何找到屬於自己的十五分鐘？

不為得獎而創作，意外橫掃國際大獎

《陌語莫語》（A Stranger to Words）這件作品本來就不是為了得獎而創作，是一段自我發掘的過程。所以我對於參加比賽抱持著輕鬆的態度，要是被拒絕不會難過、沒名次不會失落，淡然處之。

殊不知一個又一個的得獎通知接踵而至，榮耀如雪花般飛來，我是驚喜的！真的有人看得懂我的藝術嗎？真的有人認可我的數據嗎？德國紅點視覺傳達設計大獎、美國Adobe卓越設計大獎、英國流明獎、Google Chrome 創新實驗網站、澳門設計雙年展……等都傳來捷報，以前覺得很遙遠的國際大獎，在某一年的得獎名單裡，紛紛留下了我的名字。

這件作品或許因為內容真誠、故事獨特，從來沒有人做過同樣類型的數據視覺化，顯得極度搶眼。國際間各大獎項、展覽、研討會的邀約不斷，讓世界看見了我，而我也躍上了世界的舞台，一覽國際盛事的姿態。

赴全球最大的數據視覺化研討會

「哇，你被選入IEEE研討會耶！」Y興奮地說。

「嗯，怎麼了嗎？我之後要飛去芝加哥一趟參加。」出發前，我一心操煩著機票跟行程，還不知道IEEE的廬山真面目。

IEEE Visualization是目前全球最大的數據視覺化國際研討會，也是全球最重要的資料分析年度會議，致力於聯合藝術界、學術界、產業界以及政府單位的研究人員，探索數據視覺化方面的新穎技術和未來發展。二〇一五年IEEE Visualization的藝術創作計畫與展覽選在芝加哥舉辦，來自世界各個大學的教授、研究生，或是來自業界的工程師、設計師等專業人士，都會參與這個一年一度重要的數據視覺化大會。

二〇一五年的藝術創作計畫主題為《數據的即興演繹》，這項計畫收錄有關視覺化的創新作品跟研究論文，而我的創作很幸運地雀屏中選，因此受邀至芝加哥發表與展出。

不得不說，我被研討會的規模嚇到了！它把赫赫有名的Palmer House Hilton飯店包下來，每一間演講廳布置得猶如金球獎的頒獎會場，典雅氣派的禮堂跟耀眼奪目的水晶燈懸吊而下，完全不是那種老派沉悶的會議室跟簡陋單調的格局。幾百名聽眾專注地聆聽著台上講者的研究，思考著背後的原理，並且踴躍發問討論，空氣中滿是博大精深的學術方程式。

我想起了理工朋友說：「這是全球最大的國際研討會跟夢想殿堂，你一定會無比興奮！」事實果如他所說，一點誇飾都沒有，我目不轉睛地聽著演講，不想錯過任何精采的片刻。**世界是如此之大，知識之海又是如此之浩瀚，如果不出去看看，不知道這條路有多少深具啟發的人事物。在國際的舞台上，唯有把自己準備好，才有籌碼去認識更厲害的人。**

穿梭在會場的人各個大有來頭，不外乎是這領域的開創者、學術先鋒與領導人物。我遇見了Dan Sandin，他是美國當代電腦圖像、電子藝術跟視覺化的先行者，也是伊利諾大學的視覺化實驗室（EVL）的共同創辦人，一位內向寡言、全心投入研究的實踐者。

有人問Dan：「在你的年代，電腦剛問世、沒有網路、沒有Google，更沒有

Adobe軟體，你如何在什麼都沒有的環境裡，克服艱難的環境，創作如此前衛的科技作品？」

他的回答異常簡短：「我並不覺得沒有資源、沒有環境是困難。我只是做我想做的事罷了，這一點也不難。」

一點也不難？發問者愣住了。或許，世界很簡單，但我們總是把它想得很複雜，所以舉步維艱。「難的是如何克服我們自己的心吧。」我是這樣解讀Dan的話語。

在ＩＥＥＥ視覺化研討會裡，還有另一位重量級的人物Donna Cox，她擔任伊利諾大學尖端科學視覺化實驗室的主任，也是美國太空總署ＮＡＳＡ的視覺化跟實驗科技的主任，頗負盛名。其團隊發表高解析科學視覺化研究：太陽超級風暴的動力噴射、磁場與電子反應，無與倫比的視覺在我的瞳孔裡無限播放著。

如果每個人如安迪．沃荷所說，都有十五分鐘的成名機會，那麼這些巨擘不僅成名十五分鐘，而是十五年，甚至二十五年。他們多數像Dan一樣不是追求名譽，只是一心一意想做自己熱愛的事，卻意外成名，影響深遠。**或許，在找到自己成名的十五分鐘之前，要先尋找自己的天賦與熱情，然後努力地把很難的事情變簡單，這樣的一輩子比十五分鐘更精采絕倫。**

站上義大利A'國際設計大獎的舞台

享有「歐洲設計界奧斯卡」之美譽的義大利A'國際設計大獎（A' Design Award & Competition），是全球最大、最多元的國際年度設計比賽，上萬件的參賽作品需要通過八十三位經驗豐富的國際設計師、企業家、教授學者和資深媒體代表所組成的評審團進行評選，獲得提名的設計師與設計團隊才可以得到頒獎典禮的門票。

我的作品贏得資訊設計類銅獎，搶到國際盛事的入場券，可以一覽所有的設計師與得獎作品的光彩，更上台接受主席的頒獎與大家一同分享喜悅。在抑制不住內心欣喜若狂的同時，我也告訴自己：「站在舞台上可能是十五分鐘，但是把自己的作品做好卻是一輩子的事。」期許自己要一直、一直努力下去才行。

每年A'國際設計大獎的頒獎地點，位於義大利北部的城市科莫（Como）中的一棟新古典主義建築奧爾莫別墅（Villa Olmo）裡舉行，廣闊的中庭花園與科莫湖畔緊緊為鄰，這棟隱密寧靜的貴族別墅只有特殊活動才開放，得以一窺其華麗的角落。

跟美國相較之下，歐洲的頒獎典禮更為正式隆重，男生一定是燕尾服，女生則是長尾晚禮服。湖畔前的古典花園有小提琴樂手演奏圓舞曲，得獎者紛紛手握香檳寒暄，等待進場。

「你是做什麼的呢？是哪一件作品？」來自世界各地的設計師，聊的永遠是作品本身，這彷彿是在場者的通關密語，一解鎖馬上變成無話不談的好友。作品等同是你的代表符號，他們可能記不得你的名字，但是一定會對你的設計留下印象，身為這個產業的高敏感族群，任何和設計相關的話題都是永不退流行的。

你是哪一個領域？背後的理念是什麼？在一次次訴說自己與了解別人的同時，看見了另一種新鮮的想法與可能。**勇敢去問、去探索、去表達自己，光是把眼前的十五分鐘過得淋漓盡致，就是一件值得慶祝的事。**無須計較成名不成名，你已經為自己的人生打了漂亮的一仗。

在國際的舞台上看見自己的初心

這些年，我不斷地在世界各地的展覽與頒獎典禮中吸取養分，找尋自己的樣貌。

我曾經飛越地中海來到北非阿爾及利亞，參加位於巴爾杜國家博物館（Bardo National Museum）舉行的Al-Tiba9國際當代藝術博覽會，十八世紀的建築群和庭院搭配華麗的琉璃瓦與馬賽克，與二十一世紀的當代展覽形成強烈的對比，衝撞出獨特的當代美學。

另一個風格迥異的展覽是紐約的曼哈頓大橋影像藝術投影展，主辦單位把我的作品《陌語莫語》與其他參展的影片創作以巨型投影的方式，透過光的波長烙印在曼哈頓大橋一〇八年歷史的牆面上，點亮了布魯克林的天空，完成了人生中最震撼也是最大型的投影。

若說到國際盛事，美國ＩＤＡ國際設計獎也是一個深具意義的里程碑。ＩＤＡ頒獎典禮位於洛杉磯，雖然是一片乾旱的不毛之地，但人們用自己的汗水灌溉這座天使之城，所到之處都是追夢者的綠洲，讓這片土地特別閃耀。而我也在這星光熠熠的城市拿下多媒體互動類的銅獎，一了心願。

在世界的舞台闖蕩，我認識了知名頂尖的設計團隊，也見證了日新月異的科技進展，唯有親身走一趟才能體會其中細微的變化，這也是為什麼我要費盡工夫勇闖國際賽事的主因。同時，我也提醒自己，不要為了得名而參加國際比賽，也不要隨波逐流地去討好別人，**永遠要認同自己的故事，為了自己的初心而創作，有沒有得獎都是其次而已。**

當別人問：「你是哪一件作品？」的時候，我可以很驕傲地回答：這是我的作品。它代表了我的名字與我的一段人生歲月。

如果只是一味跟在別人的後面，沒有展現最有自信的自己，不是空有獎項的包裝而失去靈魂的深度嗎？在一覽國際盛會的同時，也別忘了呈現最好的自己，讓別人清晰地認識你最勇敢、最真實的姿態。

IDA
DESIGN
AWARDS

WINNER
A'DESIGN AWARD
& COMPETITION

A'DESIGN AWARD
& COMPETITION
WINNER
A'DESIGN AWARD
& COMPETITION
LA NOTTE
PREMIO A'
A'DESIGN AWARD
& COMPETITION
WINNER

10 非典型的非洲探險指南

許多人喜歡旅行，上傳著自己與名勝古蹟的合照，還有琳瑯滿目的美食小吃，都是現代人的典型表現。花了這麼多時間與金錢出國增廣見聞，人的層次究竟有沒有從中增厚了一點？還是越來越膚淺了呢？

典型的局外人旅行

每次經過時代廣場，不僅有一種視覺壓迫，還擠滿了萬頭攢動的拍照魔獸。什麼是拍照魔獸？就是從世界各地來的觀光客，大概每過五秒就會跑來問你：「可以幫我拍張照嗎？」或是，喬裝成自由女神、米奇米妮、美國隊長等五花八門的角色扮演，紛紛過來找你合影，但事後卻索取五塊美元。時代廣場成了紐約最無趣的地方，能避開就避開，以免被觀光亂流卡住不能動彈。

觀光客的模式，並不是當地人的生活方式。異國的語言、局外人的笑容，少了和在地人互動交流與深入了解當地文化的機會，變成手機螢幕中一張張隨時可以更換背景的自拍照，人的動作表情都差不多，只是背景不一樣而已。**旅行的深度不見了，平面如薄紙，人人只在乎有沒有拍照，以及自己美不美而已。**

我們常看到羅浮宮前湧入大批觀光客的畫面，究竟大家是真的懂得欣賞藝術呢？還是一窩蜂地只想要在臉書打卡，炫耀到此一遊呢？難道旅行的意義，只剩下吃喝玩樂？跟朋友炫耀？

在旅行途中，觀光客大部分的時間是快快樂樂的局外人，渾然不知當地人生活的苦悶。很多人不知道，其實紐約人拚了命想要脫離住在城市的窒息感，一到假期，全城的人會消失不見，只剩下觀光客留在這裡。人人都嚮往旅行的甜與樂，但有多少人能承受當地生活的苦與酸？

如果是一場走馬看花的局外人旅行，倒不如把旅費都存起來，去還貸款、捐給流浪狗基金會，不是更好嗎？如果把旅行時間省下來跑步健身、閱讀新知，不是更有意義嗎？

被污名化的第三世界

某天工作時，收到一位策展人穆罕默德（Mohamed Benhadj）的長信，誠摯地邀請我去他的家鄉展覽。穆罕默德來自北非的阿爾及利亞，是一位居住在西班牙巴賽隆那的策展人，每年他都會在自己的家鄉舉辦當代藝術展，今年也很希望我加入，並把過去的攝影紀錄跟影片寄給我當參考，誠意十足。

阿爾及利亞？這是在哪裡啊？我立刻Google這個國家的位置，天啊，是在非洲耶！我一口便答應了穆罕默德非典型的展覽邀請。

大部分的邀約跟頒獎典禮我無法出席，一來請假不易、二來機票就是一筆龐大的開銷，何況還有住宿和在當地消費，所以每年我只會選擇一兩個特別的活動，在經濟負擔許可的範圍內去參與。這次在阿爾及利亞的《Al-Tiba9國際當代藝術博覽會》就是我認為非去不可的展覽。撒哈拉沙漠的氣候、阿拉伯文字的衝擊、伊斯蘭宗教的文化，還能認識當地的藝術工作者，彼此用藝術交流取代典型的到此一遊，深深吸引著我。

「非洲有藝術展覽嗎？」「伊斯蘭教都是恐怖分子耶！」「去那裡安全嗎？」「非洲是不是瘧疾、黃熱病很多？」「那邊的國家都很窮吧？」朋友七嘴八舌地問著。

連空姐都不可置信地問我：「非洲？展覽？為什麼不是像威尼斯之類的國家舉辦呢？」

好多負面評價不斷從身邊的人嘴裡說出來，我才意識到，**原來大家平常從媒體**

مانع شبه شيونغ (نيويورك - تايوان)

شبكة تفاعلية تصور التجربة الكينية الشخصية
لشيونغ لصعوبة قراءتها مبنية على تقرير قراءاته اليومية
حيث تم إنشاء قاعدة بيانات لـ 23.358 كلمة أيما للتعبير
عن كيفية فهمها للكلمات

**Meng Chih Chiang
(New York – Taiwan)**

Un réseau interactif a visualisé l'expérience personelle
d'apprentissage de Chiang comme un dyslexique.
Basé sur son rapport de lecture quotidien, la base de
données de 23.358 mots a été créée à l'origine pour
exprimer comment elle comprend les mots.

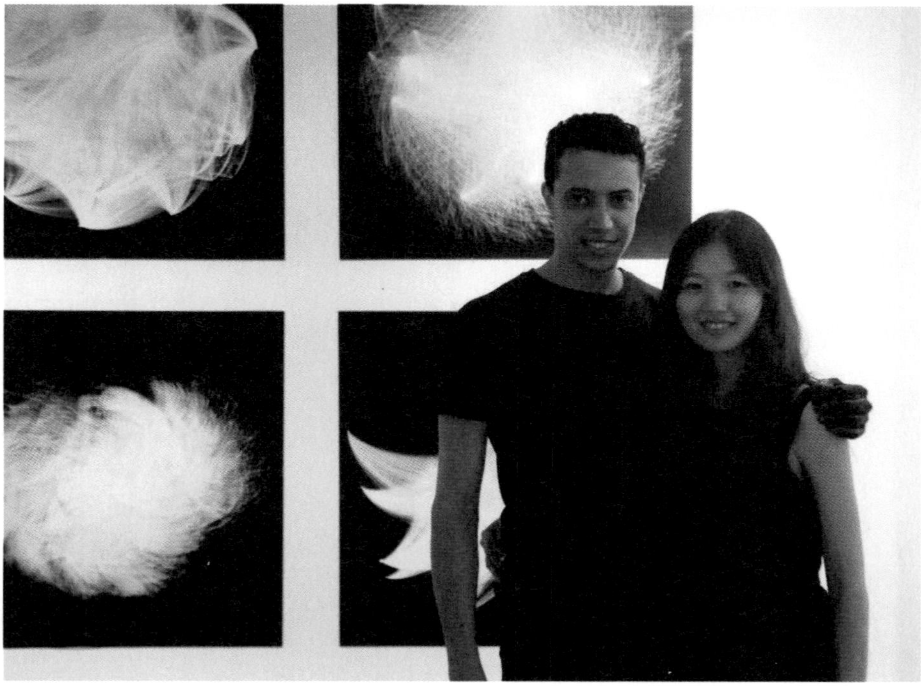

接觸到的第三世界，對於它的誤解有多麼深。

我有一個擔任國際志工的醫生朋友，去過衣索比亞幾次，她告訴我：「其實衣索比亞比我們想像中來得現代，你絕對想不到，他們的機場裡有免稅商店，賣的是高級名牌包！該有的商場、交通建設、餐飲、旅館都有，生活是十分便利的，雖然說不是什麼經濟富裕發達的國家，但也不是西方世界想像的飢荒嚴重，只剩下瘦到皮包骨的小孩。」

許多人以同情的眼光看待第三世界，而美國人也是用類似的角度看待中國。記得有一年，我到賓州鄉下與寄宿家庭共度美國一年一度最重要的感恩節假期。那是一個宗教信仰虔誠的小鎮，教堂是居民們平時吃飯、聚會、社交的場所，我也跟著寄宿家庭一起上教堂做禮拜，以尊敬欣賞的態度唱著溫暖的詩歌，學習感受美國生活的日常點滴。

不過，那天現場播放了一段我認為非常聳動的影片，片中一開場就是非洲瀕死的嬰兒，然後下個鏡頭出現聳立在北京的五星旗，台上的白人用鏗鏘有力的聲音，說明中國人活在痛苦、污染和壓迫的環境之中，並且多次提到要解放、救助這個可憐落後的國家。

「咦？台上的人到底在說什麼啊?!」我心中大感詫異。原來在一些西方人的眼中，中國跟非洲一樣，是需要靠美國的力量去「救濟」的落後世界？這些資訊不對等的刻板印象，是因為他們從來沒有親自去看、去聽、去理解當地人的生活，所歸納出的結論嗎？

百分百熱情的伊斯蘭子民

阿爾及利亞的人民，跟他們的氣候一樣溫暖，是我去過最熱情的國家，沒有之一。它曾經屬於法國的殖民地，地理上僅隔著地中海與歐洲遙遙相望，因此人人都會說法語，對英文反而是一竅不通。在拉丁語系國家待久了，以為英文是世界的典型語言，卻在阿爾及利亞把西方視角放下，重新使用他們的語言對話。

我與當地人說話通常是比手畫腳，加上非常簡單的英文單字「Yes. No.」「How much?」溝通，為了能拉近距離，我拿出唯一會的法文單字Bonjour（你好）、Merci（謝謝）跟西班牙語的Chao（再見）不斷地練習與被練習。

一直以來，伊斯蘭文化給人一種冷漠的、封閉的印象，我以為當地居民會閃躲我的鏡頭，擔心照相會冒犯到他們的肖像權與文化。出乎意料的是，阿爾及利亞人卻願意主動過來合影，並用燦爛的笑容回應我原本躊躇不前的膽怯。

「你在拍我嗎？我得要站得帥一點才行。」男生們會自己擺起姿勢來，熱情地對我比ＹＡ，非常自在。

女生一看到鏡頭就給我一個露齒微笑，羞怯又興奮地對我說：「謝謝你！我好開心。」

那些戴頭巾的女人喜歡拍照，更喜歡被拍，給了我一個個自信的表情。

一路記錄著非洲的風情，來到一個小型廣場，一位中年大叔向我們走來，他說：「我是便衣警察，不要把相機戴在胸前，擔心你們會有危險。」他說話像個爸爸一樣溫柔，熱腸古道地問我們會在這邊待幾天，需不需要幫忙，他身邊帶著一位小孫女，轉動著純真的大眼爬上我的身體表示要給我抱，然後我們都笑了。中年大叔一路護送我跟我朋友回到旅館，還留了E-mail給我，表示之後可以聯絡。

在當地，比比皆是一種傳統的熱茶放在地上販賣。我困惑地心想：「為什麼在非洲四十度高溫下賣的不是涼飲，而是滾燙的熱茶？」好奇地想買一杯試試。

攤販高興極了，滿腔熱血地表演了起來，把金色水壺抬高然後俐落把茶拉出來，將近一公尺長，倒到另一手上的杯子裡。杯子裡有幾片碩大的葉子，深色液體喝起來有點像是苦茶，他咧嘴而笑說：「請你喝的，不用錢！」為了讓我拍照，小販來來回回地手足舞蹈表演了好多次。

「原來阿爾及利亞的人這麼熱情。」每天，我都被他們突如其來的關心與款待感動得亂七八糟。

印象最深的一次，是我想去海邊看看城市的天際線和難得的滿月，還沒有走

到，呼嘯而過的車子便在對面拉下窗戶大喊：「不要過去那裡啊，晚上不安全。」雙手一直比叉叉，激動地重複說了幾次。

居住在冷漠的大都市久了，每個人活在自己的保護殼中，早已忘了被關心、被提醒的感覺。頓時被陌生人噓寒問暖，心中有一股暖意油然升起，像風一樣吹進我的心房。我感激地對車子裡的人揮手致謝，然後往安全的地方回頭。

雖然阿爾及利亞人不代表全部的穆斯林，但是不能因為少數恐怖分子的新聞報導，以偏概全。

他們喜歡熱烈大笑、喜歡主動關心、喜歡幫助別人、喜歡闖入鏡頭裡、喜歡分享生活、喜歡擁抱彼此……他們是多數真誠善良的伊斯蘭子民，即使包著頭巾也要對你說：「需要幫忙嗎？」這些發自內心的舉動，是不求回報的。

原來世界上有一個這麼溫暖的國度，第一次見面的陌生面孔，不諳英語卻主動地指引道路，細心解釋方位、介紹古蹟。或許，傳達溫度的媒介不是語言，而是發自內心的熱情。

要不要戴頭巾，女人自己選擇

我到阿爾及利亞的第一個典型問題便是：「我需不需要戴頭巾？」

策展人穆罕默德回答：「完全沒有必要。你是外國人為什麼要戴？我們很開放的，這裡的女孩子可以選擇穿阿巴雅（Abaya），也可以選擇不穿。」另一位同行的女性穆斯林也點點頭：「你看，我也沒有穿呢。」

阿巴雅是一襲黑色長罩袍，伊斯蘭世界的女性傳統服飾，而長髮是代表女人最性感的部位，要用頭巾好好地藏起來。原先以為凡是入境穆斯林國家的女人都得穿著傳統服飾，阿爾及利亞女人卻驕傲地跟我們說：「你看這邊的女孩子，各個無袖、牛仔褲，她們有自己選擇要不要戴頭巾、穿阿巴雅的權利。」

的確，走在路上的女人，有一半是穿短袖，綁個馬尾，頭髮在外頭飄啊飄的，與其他國家的女人無異。在阿爾及利亞的日子，我不僅沒穿阿巴雅，甚至還穿著到膝蓋左右的短裙，在街頭走來走去，沒有一個人用異樣的眼光看我，也從來沒有人對我說過穿短裙不得體，這對他們來說是一件很自然、沒有壓力的事。

不過，都到了伊斯蘭教國家，怎麼能錯過這千載難逢、體驗阿巴雅的機會呢？我來來回回逛了幾間阿巴雅的服飾店後，便小心翼翼地往店裡面試探。一位穆斯林女人身穿標準的黑色罩袍看見了我，立刻熱情洋溢地出來介紹，教我如何戴頭巾，也讓我穿上那一襲又長又暗的神秘袍子。

我很快就能理解這裡的女人為什麼包得密不透風，除了宗教因素以外，絲質罩袍實在太實用了！連我自己都想要買一整套。主要原因不外乎氣候，沙漠環境裡五十度的高溫，穿上絲質阿巴雅超級散熱，絲碰到身體是冰冰涼涼的感覺，比牛仔褲、襯衫、雪紡紗來得舒服多了。別小看它一身黑，也沒什麼剪裁的樣子，一件好的阿巴雅可是比歐美名牌還貴。

在阿巴雅底下，沒人管你裡面怎麼穿，可以只穿件小可愛加短褲，遮陽又透氣。頭巾還可以保護被曬得發燙的頭髮，避免頭頂烤焦、頭皮曬傷。如果再加個面紗簡直是完美了，可以抵擋風沙對臉皮的摧殘，風再大都不會吃個滿嘴沙，畢竟哪個女人想要一出門就被沙子強力去角質呢？

以前我在台灣的時候，因為不想要曬黑，不論再熱，都會穿長袖、撐陽傘，騎車更是再用安全帽、口罩、手套把每一寸肌膚包住，現在想想，好像跟阿拉伯世界的女人沒什麼不同。

阿爾及利亞人尊重多元文化，外國人不強制，連本國人也有選擇披頭巾穿罩袍的權利，可是因為我想了解阿拉伯世界的美，披上了頭巾，表達對穆斯林尊重。**選擇不穿阿巴雅的本國人與自願穿著罩袍的外國人——我們的阿拉伯印象，可以很不典型。**

在非洲用撒哈拉沙漠的風當傳聲筒表達情緒，讓彼此在同一個頻率裡溝通，**真正去了解當地生活的酸甜苦辣，與在地人聊天對話，比拍照打卡更有意義。**我也用黑色阿巴雅當介質折射偏見，產生了深入而立體的波長，打破了典型的論調去欣賞另一個世界。

或許，我們看到的都是冰山露出來的那麼一小角，但是海平面以下，他們擁有的熱情、文化與內涵，比想像中的更加溫暖、寬廣與厚實。

11

工作競技場：沒有身分的挑戰者

儘管求職者身懷絕技，擁有漂亮的履歷跟突出的作品集，沒有身分，就沒有談判的籌碼。前仆後繼湧入的外籍勞工，彷彿沒有身分的挑戰者，不僅要面對語言與文化的征戰，還得接受不平等的條約，割讓一點尊嚴去換取翻身的機會。

在美國找工作，身分是關鍵

「身分證」在台灣是一件理所當然的事，還有各種社會福利：包含健保、老人津貼、低收入戶補助、學費減免等，好像一切的權利是天經地義的存在。所以在離開台灣以前，我從來沒有想過「身分」這個問題，自己的國家想住多久就住多久，沒有絲毫可能被遣返的危機感。

到了美國，我是一個沒有身分的外籍人士，隨時隨地都要擔心學生簽證到期後被迫驅離出境，沒有選擇的餘地。**身為外國人，不是你想要就可以在美國自由居住、**

找工作，「簽證」變成了最大的障礙，唯有合法的身分，才能避免淪為非法移民。

美國找工作的條件，除了學歷之外，最重要的問題是：「你現在有身分嗎？」「你需要贊助簽證（Sponsorship）嗎？」有一次我跟紐約Discovery探索頻道以電話面試，不出所料，人資主管第一道問題就是這個，我老實地回答：「我需要公司幫我申請簽證。」

「我們公司不幫員工申請身分，很可惜，再見。」大概不到五分鐘面試就早早結束，從頭到尾沒有聊到我的背景、工作能力、擅長技能，在第一關就被淘汰了。

那一刻起我了解到，**找工作是殘酷的競技場，在開始競爭之前，要先拿到「身分」的入場券，否則你連比賽的資格都沒有**。對公司來說，辦身分需要人資部門花時間處理，還要請律師申請，光是申請簽證的費用就是一筆不小的開銷，更何況還有人力成本，不如雇用沒有語言問題的當地人，能力沒有那麼好沒關係，至少方便又省錢，何樂而不為呢？

說到找工作，每個外籍生的心中滿是說不出的苦，找工作不僅是混口飯吃，有時候還得低聲下氣、委曲求全地問：「可以幫我申請身分嗎？」他們拚命地在各個公司之間面試，薪水、職位、工作內容都可以打折沒關係，至少這個國家有讓他們翻身的機會，願意拿自己的人生賭下去。

擁有合理的工資，當台勞也願意？

沒有身分的台灣人，常常開自己玩笑說自己是二等公民，也就是所謂的「台勞」。我們這群在美國賣血賣肝的勞工跟菲傭、印傭的處境並沒有什麼差別，到陌生的環境接受次等的待遇，只為了每個月能夠寄錢回家，貼補家用。

如果可以，誰願意離鄉背井、低姿態求生存？

我的工時跟在台灣工作的時候比起來並沒有比較短，常常早上九點進公司，晚上九點離開公司，設計產業到哪裡都不會差太多，勞力密集的加班文化總是少不了。說實在的，公司有福利也很少有機會去用，我們不會常常買電影票、看百老匯舞台劇，更不會希望生病用到健保補助，大部分時間都是在公司當個少說話多做事的拚命三郎，即使被同事搶功勞也只能吃悶虧。

或許讓台灣人願意賭一把的，是薪水。

曾經在網路上看過一篇文章〈台灣留學生在倫敦：三萬台幣與三萬英鎊的掙扎〉，大家離開台灣不是崇洋媚外，而是被迫出走，當我們很努力唸到了最好的學校、畢業後進入理想的公司，起薪是多少？如果回台灣工作，百萬學貸要還到什麼時候？十年還得完嗎？還是二十年？

在美國學費雖然貴，不過我有把握工作後一定可以自己還，不用拿父母的退休

金出來擋。美國平均年薪大約五萬美金，是再普通不過的薪水，有專業能力的工程師、會計師更高。在倫敦是三萬台幣與三萬英鎊的掙扎，在美國是三萬台幣與五萬美金，甚至是十萬美金的掙扎。

儘管在美國很普通的薪水，在台灣成了奢求。**我只不過希望每個月還銀行貸款，支付爸爸中風的住院費，沒有一分錢是自己想要吃美食、買車或是買房，賺錢從來不是為了自己。**

除了不向低薪投降以外，其他都是可以忍受的，美國人想要功勞，大器地多幫他們一點，久而久之，他們會看見你的實力，回過頭來尊敬你；要求敏感的簽證身分，試著多溝通、多表現，甚至自己出律師費也沒關係，讓老闆知道公司不能沒有你，用最好的表現證明自己的能力。職場上的競爭雖然殘酷，但最終會得到報償，而不是一味地做功德。

我們願意在這個無情的戰場裡廝殺，願意挑戰完全不一樣的語言跟文化，因為我們爭的是一口氣，跟一份合理的報酬。

拿到身分，然後呢？

在美國的朋友，都是因為不同的原因與方法留在這個地方。為了尋求申請簽證的機會，我曾經換過幾間公司，有些是一流的跨國企業、美國前一百大公司、全球最大廣告商等，個個大有來頭，給我的待遇更是從沒有想過的好。

求簽證最常見到的方法，是唸完大學或研究所後，找到願意幫你申請工作簽證（H-1B）的美國公司。H-1B是美國提供給具有專業能力的外籍人士的工作簽證，實施抽籤制，每年限額發放八萬五千張，其中有兩萬張為碩士學位保留名額。這跟工作能力一點關係也沒有，關鍵是「隨機抽籤」，幸運中獎後才擁有在美工作的資格。

很多人好不容易證明自己的能力，也說服公司願意幫他申請簽證，卻因為沒有被抽中，只能摸摸鼻子收拾行李，黯然地離開美國。

有同事曾經建議我：「你這麼辛苦做什麼？找個公民結婚就可以拿身分了。」這讓我注意到，身邊的朋友結婚速度異常之快！情侶為了一起留在美國，通常會「馬上」登記結婚，讓配偶擁有居留的身分。如果沒有這層誘因，他們不會這麼快進入婚姻。「結婚的主要目的是拿到身分而已。」他們如此說著。「當然也要有愛啦！」後來補上一句。

然而我深知自己的個性，不想要依靠親戚、婚姻，或是任何人取得這層好處，堅持靠自己的努力與實力拿到身分。這一路像是沒有抄捷徑的登山步道，一步一腳印走得坦然踏實，不利用關係也可以爬到自己想要的終點。

在工作這幾年的耕耘下，我慢慢累積了不少成績，例如國際級的獎項、媒體報章報導、擔任評審工作、出版作品創作、入選國際性的展覽等。人生就像煮開水一樣，沸騰前的累積才重要，經過日積月累的努力，好不容易我也拿到了合法工作與居留權，一舉獲得美國政府核發具有國際級成就的傑出人才身分（EB1-A）。

拿到了身分，然後呢？

一樣要工作、要繳稅、要面對生活中的喜怒哀樂。如果空有身分，沒有繼續累積實力的話，是沒有辦法在美國這樣超級競爭的舞台上擁有一席之地的。

世界很大，挑戰只會越來越多，這才只是工作競技場的開場片頭。

12 二十七歲還清百萬學貸

人生有令人潸然淚下的坎坷，也有讓人遂其所願的甘甜。活在青春之後、認輸之前，我用堅強堆砌著生命堡壘，度過了債務生存期，看見自己經歷挫折卻仍然灼熱的眼神。

經濟獨立的堅強

出生在屏東鄉下偏遠之地，沒有任何家世背景，一直以來我都告訴自己要自立自強，並且對自己可以自食其力感到踏實；即使出身微寒，卻絲毫不影響我在工作上的表現，不須去羨慕那些含著金湯匙出身的人。如果我可以跟有錢人家的小孩達到相同程度，不正表示我自力更生也滿成功的嗎？經濟困頓對我來說反而是一種「正面的壓力」。

二十二歲開始工作以後，我堅持經濟完全獨立，不曾讓母親匯錢給我。租房子、水電帳單、生活開銷，通通從自己的薪水扣；想要考托福，一點一滴地慢慢存報名費；為了申請學校的花費，精打細算地過拮据的生活。在台北高房租、高物價的城市裡，雖然存不了什麼錢，也沒有什麼休閒娛樂，但是履行對自己的承諾就是最有價值的報酬。

經濟獨立是我融進血裡的骨氣，到了國外也一樣。

在國外省錢有三大方法：自己煮、不喝酒、撿二手的生活用品。買一美元的高麗菜、些許肉片和其他營養食材煮成一鍋粥，一個禮拜的中餐、晚餐便輕鬆解決。餐廳、酒吧的酒並不便宜，動輒一杯十五、二十美金，比一頓正餐還貴，幸好酒吧裡還是有可樂這個選項，才三塊錢。家具跟生活用品千萬別買新的，我的鍋碗瓢盆、杯子碗盤、枕頭棉被、書櫃架子，都是找二手拍賣用十塊美金買回來的，洗一洗之後跟新的一樣，完全不需要大老遠到ＩＫＥＡ破費。

雖然生活艱困，我卻不曾打電話跟家人求助喊苦。我沒有什麼過人之處，唯一憑的就是骨子裡的堅強。

由於所有的獎學金都拿去繳學費，沒有額外的生活費，為了維持生計，還得下課後兼差接案子賺錢，最窮的時候戶頭只有三十五塊美金。我什麼設計工作都接：海報、網站、文宣、互動，曾經壓力大到好幾次一個人在夜裡崩潰痛哭，不知道可不可以撐到第二年，甚至不知道自己是否能完成學業……我心想：「哭可以，但是放棄不行！」於是擦擦眼淚，隔天早上起來繼續想辦法接案、申請獎學金。

很多人說我很傻，把自己弄得苦不堪言，**但我的夢想不是「出國讀書」而已，而是「不花家裡的錢出國讀書」啊！**大部分留學生不擔心如何「生存」的問題，用父母的錢享受各式各樣的異國料理、暑假到鄰近國家旅行、平時看百老匯《獅子王》跟Lady Gaga演唱會，只要有錢，這些事其實很簡單。困難的是，一旦沒有來自父母的支助，還能獨自承受異鄉生活的辛苦與挑戰嗎？

生命就像海洋，只有意志堅強的人，才能到達彼岸；而生活就像長河，只有經濟獨立的人，才能切割縱谷。忠於經濟獨立的承諾，接受現實壓力的挑戰，我的成長痛歸痛，卻也甘之如飴。

人生憑的就是這股永不妥協的骨氣，才算沒有白活哪。

還清債務是工作的最大動力

每天被工作包圍的日子裡，從品牌形象建立、網站使用者介面、創意發想提案、數據資料視覺化等等，不斷絞盡腦汁地在提案與交稿之間奮戰，要一直推陳出新不同的解決方案，還要兼顧創意與美感。原本以為自己無法順利達成的事，在下定決心要解決這些問題之後，便無所不用其極地找方法，在網路世界中搜尋靈感跟相關知識，不知不覺克服了自己想都沒有想過的任務。

這樣從早忙到晚的辦公室生活，當我意識到時間流逝的時候，大多已是夜幕降臨。望向窗外，可以看見布魯克林大橋、曼哈頓大橋跟越夜越美麗的曼哈頓的夜景。小時候我從來沒有想過有一天可以在紐約工作，天天俯瞰風光綺旎的大都會；現在每天眺望這座城市的景色，依然覺得很不真實。

每當一天要下班的時候，我常會看著紐約的夜色問自己：「今天是否全力以赴？是否有多學到一點東西？是否有地方可以再加強改善？」

在工作崗位上孜孜不倦不只為了自己的未來，也是為了要早點還清貸款，讓家人放心。一行行詳細的收入支出記帳欄，早就訂立好每個月的財務規劃，明確地知道還有多久才能夠實現銀行的款項。還清債務是支持我拚命工作的最大動力。

利用精疲力倦的下班時刻，我用英文寫下勉勵自己的句子：「對於不需貸款上學的人，你們很幸運不用經歷這麼龐大的壓力；對於在年輕時就得自己償還天價般學費、被迫對金錢負責、讓自己快速獨立的人，這趟克服經濟困難的旅程將成為你這輩子最有價值的投資，千萬不要放棄。（“For those who don't have college loan, you're lucky to study without huge pressure. For those who deal with the ridiculous expensive tuition and have to pay off by yourself, it's challenged that you force to take charge of money while you're young and become independent instantly. However, the journey to overcome the financial problem will be one of the most successful investment in your life.

Never give up.”）」

我把一切的考驗當成自我投資的磨鍊，並且停止怨天尤人的行為，進而從中獲得好多用金錢也買不到的正面力量：「勇敢」、「負責」、「堅強」、「獨立」。

在遇到難題時，你可以害怕，可以哭泣，但是「放棄」不應該是一個選項。

《灌籃高手》中安西教練的名言：「現在放棄的話，比賽就結束了！」夢想跟球賽一樣，挫折是在所難免的，也很有可能會失敗。可是，越是在這樣的時候，越不能認輸。

二〇一一年美國總統歐巴馬在一場公開的演講中，曾經分享他與妻子蜜雪兒如何償還大學貸款的經驗：「我們並非來自富裕的家庭，我從哥倫比亞大學和哈佛法學院畢業後，債務堆積如山。當我們結婚後，變得更窮了！我們把彼此的資產加在一起，發現並沒有什麼資產，而當我們將彼此的債務加在一起，卻有很多的債務，基本上都是助學貸款。我和蜜雪兒都曾處在和你們一樣的困境中。想想看，我是美國總統，花了十三年才還清學生貸款，我們都知道償還學貸是什麼樣的滋味。」

美國總統歐巴馬也曾經跟我們一樣遭逢舉債窘境，若是沒有極大的意志力是無法忍受那樣的過程。債務使我加倍努力工作，忙碌讓我暫時沖淡壓力，人的潛力有無限可能，一旦吃別人所不能吃的苦，做別人所不能做的事，就能享受別人所不能享受的一切。

永遠二十七歲的眼神

從準備托福開始、考上教育部獎學金、順利完成碩士學位、到現在在紐約頂尖的設計公司工作，整整五年，我沒有一天不為錢擔憂的！終於在二〇一四年四月十四號，領到支付最後一筆貸款的薪水，我知道這不是一張普通的支票，是一只苦盡甘來的認證書。曾經對自己發過的誓、被憂鬱逼出的淚，都在這一刻畫下句點……

那天剛好是個加班的夜晚，步出辦公室已經九點了，一整天的忙碌到下班之後才真正意識到今天的意義，五年來這麼辛苦就為了這天！霎時間，壓力傾瀉而出，內心激動不已，站在空蕩蕩的地鐵上，我眼眶泛紅任由眼淚一滴一滴往下流，怕人看見地把臉轉向牆面足足半個小時之久。

終、於、全、部、還、完、了！「不花家裡的錢出國讀書」的夢，總算在二十七歲這年如願以償。

在我啟程前往美國前，曾經有人對我說過：「沒有錢，怎麼可能唸得起美國學校？」「反正最後家長也不會要你還，這是他們的心意你就收下吧。」「別開玩笑了，完全經濟獨立的生活，你真的做得到嗎？」「費用給家長擔心，你自己專心唸書就好。」

這些朋友後來在得知我還清貸款的時候，紛紛回過頭來恭喜我，好像從來不記得說過那些打擊的話語。**否定、讚美的話都是別人在說，但真正可以對人生負責的，只有你自己。**

人們通常會追求的，是感官層次上的快樂，例如：好看的服飾、好聽的音樂、好吃的美食、裝潢美麗的房子等，但這些感官經驗都很短暫，好聽的音樂讓我們快樂，一旦音樂停止，快樂也消失了。相對地，人們在心理層次所發展出的快樂經驗，則可以持續很久，而且往往比較穩定與幸福。到了現在的年紀，我漸漸地可以對懷疑與批評一笑置之，小心翼翼地去呵護自己內心深處對人生的價值觀，並且捨棄大部分感官上的享受，去維持心理的平靜與平衡，也是我一直以來追求的「踏實感」。

從七歲到二十七歲，我盡可能地做讓自己踏實的事，從未改變過。**世界上最難的就是不被「環境」、「他人」和「金錢」所改變，永遠記得你是誰，以及你曾經想要做什麼的堅定眼神，時間會為你證明一切。**

13

走在美國教職的路上

機會，是留給準備好的人。在社會上轉來轉去，突然遇到一個機會，哪有不把握的道理？立馬火力全開地進到美國的教職體系闖蕩。其實，成為老師並不難，但是要成為一個「好」老師，卻不是想像中的那麼簡單。

工作幾年後，學校知道我在紐約發展得不錯，問我有沒有興趣申請教職，回系上教書。

這是一個千載難逢的機會，也是不易挑戰的職務。當下我沒有猶豫，立刻準備好履歷、擬定教學大綱，加上著個人資料送回學校辦公室開始申請程序。

我申請的領域是《介面設計》（Interface Design ╷ From Ideation to Realization），這是一堂教授有關使用者介面（User interface）的課，包含網站、手機應用軟體，或是任何螢幕上的互動，都屬於這堂課的範疇，也稱為ＵＩ設計。

這不僅與我的工作經驗、學歷背景完全符合，也是我一直以來專研的項目，從論文《陌語莫語》，到客戶「英雄聯盟」、「美國運通」等，都是解決介面設計上的問題，提供使用者一目了然、生動有趣的互動體驗。身為設計師，要熟稔美學以外，也要涉獵前端的程式運作，兩者缺一不可，才能設計出符合需求的元素與流程。

雖然在UI設計中，自己的能力算得上是箇中翹楚，不過還是沒有把握能雀屏中選，得到系上的青睞，忐忑不安地等待結果出爐。

當系主任正式決定要錄用我的時候，我簡直欣喜若狂，興高采烈地在原地跳躍了起來，終於如願以償地拿到聘任合約，要回學校教書了！這種感覺像是在作夢，教職員工卡握在手上好不真實，卻又是那麼真實地握著，直到確認了自己的名字跟相片印在上頭，我才開始相信一切是真的。

「我成為紐約視覺藝術學院的師資之一了啊。」我在心中不知道默唸了多少回。

你選擇做一個什麼樣的老師？

台師大畢業，加上多年的家教經驗，也在公司指導實習生工作技能，當老師對我而言並不陌生。

陌生的是，要怎麼樣在美國當一名不一樣的老師？

喬許亞・戴維斯（Joshua Davis）是我美國研究所的教授，他除了臉以外，全身上下從脖子、背部到兩條手臂都是刺青，上面布滿了密密麻麻的青色線條和紅色圖騰，讓第一眼看見他的人忍不住驚呼：「好有個性的人啊！」

在顯目的刺青底下，是他充滿自信的態度跟教學的熱情。每堂課裡，他會用藍色的大眼睛盯著我們，分享自己最新的創作，並且一行一行地仔細解說原始碼，完全沉浸在前衛的互動藝術裡，當程式成功運作時，也絲毫不掩飾地在教室裡大喊：「你們不覺得這是一件多麼令人興奮的事嗎？」眼裡淨是閃亮亮的光圈。

第一年修完喬許亞的課後，得知他第二年要教新的程式語言Processing，我選擇以旁聽的方式再修課一年，所以整整兩年的研究所生涯都有上他的課，從來不曾缺席。他完全不藏私地把所有原始碼公開給大家，如果遇到電腦科學背景的學生，還會不恥下問地請益關於程式的問題。**從他身上我看到教授不是高不可攀的巨人，而是樂於分享和與學生互相切磋學習的角色。**

當我也有機會開始站在教室前面的時候，不禁思考著什麼樣子的人會是一個好老師呢？相信每個人的一生當中，都曾經遇到像喬許亞這樣的老師，他們投入的熱情會感染學生，讓學生特別認真上課，求知慾自然變得強烈；反之，當老師擺爛、摸魚的時候，會使學生覺得上課是在浪費時間，乾脆隨便敷衍了事。

知名教育家莉達（Rita Pierson）曾經說過：「孩子不會跟他們討厭的人學習。」

長期以來，在學術界有些光怪陸離的現象，許多教授為了自身的前途，拚升等、爭經費、發論文，學生變成了最底層的廉價勞工。「想拿到我的推薦信？先幫我做研究拿到補助經費再來談。」當師生之間少了信任關係，只剩下利益的時候，學生離開後只剩下「恨」，再也不會進一步地去學、去看、去體會學問的奧妙了。

莉達進一步解釋：身為一個教育及知識傳授者，有義務去創造與學生之間的緊密關係，在良好的互動中，給予學生足夠的信任與支持，讓他們可以如實成長，發揮自己的潛能。在「尊師重道」之前，老師更要懂得「尊重」每個獨一無二的個體，無條件去接受、關心他們，那麼學生就會得到莫大的勇氣：「原來老師不是要介入我的人生，是要協助我找尋自己的天賦。」

遇到喬許亞老師以前，我也曾經遇到很多貴人，他們不僅用正向的態度鼓勵、接納我在藝術創作方面的表現，也尊重我的選擇，讓我找到了自己的價值，產生強烈的學習意願。當我有一天真的成為老師的時候，想起了那些循循善誘的前輩們，希望自己也能像他們一樣，成為關心學生、富有教學熱忱，並且持續進步的人。

讓老師成就學生的成就

重返校園的第一天起，我的目標就是成為一名最認真的老師。每次上課前，總是會花一整個禮拜的時間備課，不斷增減內容，過濾大量資訊，來來回回思考要怎

照片來源由《今周刊》提供

麼清楚地解釋邏輯，再設計成學生容易吸收的課程，忙到三更半夜是常有的事。每一張講義處處充滿心思，除了以淺顯易懂的方式敘述錯綜複雜的概念以外，更要兼具視覺效果，反覆調整投影片的字型與排版。

課堂時間雖然只有短短幾小時，可是要備課、講稿、製作教材讓學生在課堂上有範例跟素材可以操作，每一個環節都馬虎不得，時間成本遠遠超過鐘點費，我卻樂在其中，甚至比工作時更戰戰兢兢地面對我的學生跟課堂要說的話。有時候自己好像著了魔一樣，欲罷不能地增加投影片的厚度，投入百分之百的熱情。

每一次踏入教室的那一刻，我都告訴自己：「我準備好了！」一張張投影片要分析的內容、描述的案例、分享的設計作品，已經在家裡不曉得修改過多少遍。重點是把自己的所學在短時間內傳達出來，毫無保留地闡述專業概念跟實務方法，一步一步地引導學生，生怕漏掉了哪一個細節，他們會不了解。

不論在公司有多焦頭爛額得忙，我下班到學校時，永遠是精神飽滿、充滿期待，總覺得能夠卯足全力準備每一堂課是幸福的，若是老師很有熱情，學生也一定感受得到。出了教室，我也回想今天哪裡上得順利，哪裡可以改進，在心中默默地記錄下來，希望下次做得更好。

教學評鑑表（Evaluation Form）是紐約視覺藝術學院規定要落實的，所有學生都是匿名填寫，保障他們真實評論與反應的空間，事後每位老師只看得見反饋的

信息，學校也會依據評鑑表檢視老師適任與否。

學生被賦予真真實實的權利，決定老師的去留。當一個老師教不好的時候，下學期就不會出現在系上了；反之，當一個老師教得好的時候，一輩子都可以在學校裡教書，如同終生職一般。系上有一名教授Trilby Schreiber，已經在學校任教二十三年了。

學生就是學校的主體，訓練他們的思考模式、協助他們進行創作，是每一位老師最在乎的事。不管學生有沒有得獎、發表論文、帶來經費，跟老師的去留一點關係也沒有。我們鼓勵學生做自己的故事，是為了幫助每個從世界各地來的留學生、藝術家和創意人去發掘自我的潛能，這一路的摸索是無法用任何數據量化跟衡量的，只要學生的內心感受到支持的力量，那就是教師存在的最大意義。

我們的選擇，決定了我們的價值。不管是否碰上和氣的客人，你可以選擇做一個親切的店員；不管是否可以遇到讓你賺錢的病人，選擇做一個仁厚的醫生；不管對方是不是一個可愛的學生，選擇做一個以身作則、主動關心的老師。選擇一件正確的事，認真做好它，人生便沒有遺憾。

確保每個追逐自我的靈魂都能得到無所不能的力量，讓老師成就學生的成就，就是教學的唯一選擇與任務。

PART 3

跑在世界的盡頭

14

誠實訴說脆弱的勇氣

我們總是嘗試表現得正面積極、高度自信，從來不顯懦弱的樣子，但我們也無法永遠排除生活中那些不確定、衝擊或失敗。既然無法迴避脆弱，我們又該如何因應？美國作家麥德琳．蘭歌（Madeleine L'Engle）曾說：「小時候的我們心想，等到長大，我們就不會再感到脆弱了。但是成長本身就是接納脆弱的過程；活著，就是脆弱的。」

為了什麼而開始跑步？

很多人問我，為什麼你會開始跑步呢？其實，這個問題我也常常問自己。

十年前讀大學的時候，在操場跑步的人們，十個有九個女生是想「瘦」，她們覺得自己體重過重、小腹突出，渴望藉由跑步減肥。

「我這星期又胖了一公斤！今天一起去跑步吧？」朋友嘟著嘴氣得說。

不過，從外表來看我是異於常人的瘦，高中時身高一百六十三公分，體重只有四十公斤，大學畢業後就一直維持在四十五公斤左右，身體質量指數（ＢＭＩ）只有十六・九，是個名副其實的紙片人。

朋友每次見到我，都會投以羨慕的眼光說到，好想跟我一樣擁有林黛玉般纖細的體態，瘦到可以被風吹倒的樣子。然而這一切並不是我刻意節食所造成的，而是天生遺傳自母親擁有怎麼吃都吃不胖的體質。

因此，瘦骨如柴的我從來沒想過跑步，都已經這麼瘦了，再瘦下去看起來不是很像非洲難民嗎？所以「跑步」這件事一直都離我很遙遠，是一個八竿子都打不著的名詞。

那時候的社會完全沒有跑步的風氣，更別說相關的知識跟推廣了！喜歡運動的我，只好投身於舞蹈的懷抱，在音樂旋律的舞動之中，揮灑汗水，找到身體與運動的平衡點。一直以來不覺得會跑步的我，到底是什麼時候開始跑步呢？

青春年華的失眠悲歌

二十出頭的年紀，以為失眠只是一時的情緒壓力，很快就會復原回到原本的生活。由於抱持這種單純的想法，第一年我並沒有選擇就醫，也不知道向誰傾訴失眠的煩惱，靠著朋友的安眠藥度過了漫漫長夜，隨著時間一天一天過去，藥劑不減反增，從一顆變成兩顆、三顆……

「我是不是要一輩子吃藥了？」我憂心忡忡地問自己。

害怕睡覺的恐懼每每在夜裡發酵，無助的眼神在無眠的夜裡滿是傷痕。我躺在床上緊閉雙眼，默默練習吸氣、吐氣，越是調整呼吸，思緒越是混亂。看著指針從午夜十二點走到了凌晨五點，卻絲毫沒有睡意。往往黎明之後，才筋疲力竭地消失了意識，睡不到幾小時緊接著又在鈴聲大作中驚醒，勉強爬起身來去上課。

這樣的日子，不知不覺地過了三、四年，失眠的折磨漸漸剝奪了我所有的感官情緒。每到夕陽西下後，精神壓力就節節高升，身體疲憊到無法負荷，彷彿置身在黑暗中看不見任何的希望，有好幾次在無法呼吸的窒息感中哭泣，內心不斷地冒出想要結束自己生命的想法……

長期的身體不適、心情低落，讓我從一個天真傻氣的女孩，變成一個鬱鬱寡歡的人。我忘記了什麼是歡笑、什麼是快樂、什麼是放鬆、什麼又是平靜，少了七情六慾的渲染，像是一具沒有靈魂的石膏，找不到活著的意義。

「難道我有憂鬱症嗎？」在第三年的時候，我漸漸察覺到嚴重性，開始認真查詢憂鬱症的症狀跟特徵。不得不承認，我確實有憂鬱傾向，而且還在持續惡化之中。

當身旁的朋友都在享受著美好的大學生活，我卻深陷病的泥沼，甚至對自己的病情噤若寒蟬，萬一被別人知道的話，會不會覺得我是個怪胎？異類？因此除了最親近的室友和閨密，幾乎沒有人知情。

沒有立刻找尋治療的方法，讓病情持續惡化。或許，積極面對問題，可以早日尋獲解脫的處方。眾多患有嚴重憂鬱症的名人，像是好萊塢喜劇影星羅賓威廉斯、主播史哲維，無不都在螢幕面前強顏歡笑，努力地維持專業形象，卻在背後承受不為人知的心酸。

經過無數輾轉難眠的夜晚，某一天，我終於鼓起勇氣到醫院精神科的門診掛號。在素昧平生的醫生、護士面前，第一句話才說出口，情緒就徹底潰堤！整整一小時泣不成聲。原來長期累積在體內的不安與脆弱，比我想像的還要巨大深邃！後來聽到醫生說要開抗憂鬱與失眠的藥劑做為長期治療，我覺得更害怕了，難道自己必須要仰賴更多、更重的藥劑活下去嗎？

安眠藥無法化解我內心的恐懼，千瘡百孔的心靈與身體已經無法再承受更高劑量的摧殘了；為了能夠好好睡一覺，不再與五顏六色的藥丸同眠共枕，我下定決心要找回原本那個活潑開朗的自己，努力擺脫多年如影隨形的低潮。

假裝不存在，脆弱就會消失了嗎？

我身邊的朋友、醫生都曾經說過：「不要想那麼多，憂鬱就會消失了。」「向前看，明天會更好。」每個人都不想要討論什麼是憂鬱，假裝它並不存在，好像不去聽、不去談，一切就會變回正常的樣子，但是後來憂鬱有因此消失了嗎？反而因為沒人願意體會我的心情，覺得越來越孤單、失望，產生更多深刻恐懼和不安全感。

美國知名心理學家布芮尼．布朗（Brené Brown）博士在她的研究裡提到：「許多人面對脆弱的方法，往往選擇逃避、麻痺情感。殊不知我們越害怕，反而越脆弱。」人類是沒辦法只麻痺特定的負面情感，只能麻痺所有情感：喜悅、感激、快樂、憤怒、哀傷、恐懼。在一顆又一顆的藥物、一杯又一杯的酒精之後，**「假裝」一切不存在，自我催眠一切會更好，只是一種逃避而已，脆弱卻依舊存在。**

我不想要麻痺自己、逃避憂鬱，面對內心深處的脆弱，其實是一種活著的勇氣。

漸漸地，我開始讓自己內心深層最柔軟的那一面被看見、被討論，就像我現在用文字寫出來一樣。每個人都會有脆弱的一面，在認識脆弱的過程中認識自己，不麻痺內心的情感，坦然去愛、去接受、去感謝，讓心中的情感自然流露，釋放脆弱，同時也是釋放自己。

接受自己的脆弱，其實是對自己的誠實，它不應該是一件讓人覺得「羞恥」的事。沒有人是天生堅強的，唯有走過脆弱，才能獲得真正的勇敢。

於是，失眠長達四年的我，第一次嘗試運動的力量去找回面對脆弱的勇氣，開始治療內心的缺口。

跨出第一步的勇氣

我永遠記得，那是一個頭痛欲裂的星期六早晨，一晚沒睡的疲憊讓我連呼吸的慾望都沒有。

「今天開始，去操場跑一圈吧！」爬下床，換好寬鬆便服，走到每天經過的師大操場。

從早到晚，操場聚集了各式各樣在運動的人們：打籃球、網球、健走與跑步，空氣中瀰漫著一股正面又有自信的力量。為什麼他們假日要犧牲看電影的時間？為什麼大熱天不在家裡吹冷氣？為什麼腿又痛又痠，還是一圈一圈地努力跑著？這些人像我一樣，一定有非來不可的理由跟想要實現目標的堅持。

我從來不是為了變美、變瘦跑步，而是為了直視脆弱、找回自己的力量而跑。

那時候社會上還沒有女生慢跑的風氣，我獨自在一圈四百公尺的操場，步履維艱地跑著。剛開始跑兩圈八百公尺是一個難以達到的天文數字，我心想這應該是女生最大的極限吧！想當然耳，第一次慢跑連八百公尺都跑不完，跑個三百公尺，就會稍作休息走個一百公尺，所以兩圈真正只跑了六百公尺而已，距離有如大海中的獨木舟般，渺不足道。

自此以後，我固定到操場報到，大概是一週三次左右，跑個兩圈六百公尺的距離。現在回想起來六百真是一個可愛的數字，原來這曾經是我的極限啊！對二十三歲的自己來說，這短短的幾百公尺已經是一個巨大的里程碑。

不過，在每一次跑步的過程中，我在乎的不是距離，而是體內的呼吸與心靈的平靜。

依稀記得那是一個下著毛毛雨的夜晚，涼爽的雨滴安撫了白天灼人的氣溫，有些朦朧、有些詩意。我按照自己的龜速緩緩前行，不知不覺就到了五百公尺、六百公尺、八百公尺……最後，手機的軟體正式記錄我的第一個一公里！

一千公尺耶！頓時好想要攔下路旁的人說：「你知道我剛剛跑到人生中第一個一公里嗎？」內心波濤洶湧，宛如吃到百年老店手工製作的芋泥糖酥、聞到阿爾卑斯山上雪絨花的芬芳，升起一股前所未有的滿足感！原來，一個人悶在房間裡暗自啜泣，跟在運動場上的揮汗發洩，是全然不同的結果！

心理學作家鄧惠文醫師曾經說過：「如果一個地方讓你覺得委屈，你可以走，不要待在那裡哭；如果你只是待在那裡委屈，不溝通、不改變，就是給別人一種很扭曲的指責。因為，人只有被自己困住。沒有人真能勉強你什麼。」

不再勉強自己硬撐，誠實地面對自己的脆弱，讓我在跑步的視野中看見真正的勇敢。

15

相信自己，做你不敢做的事

對於跑步才剛開始的我，五公里聽起來是一個無比嚇人的數字，但是越害怕，我越是想要挑戰它。股神巴菲特曾說：「做你沒做過的事叫成長；做你不願意做的事叫改變；做你不敢做的事叫突破。」從現在開始脫離舒適圈，每天去做一件令人害怕、討厭，甚至沒想過的事吧。

為什麼每天要做一件令你害怕的事？

你有感到害怕的事情嗎？你是不是不敢拒絕別人，不敢嘗試新鮮事物，不敢大聲表達自己的意見？

現今社會對於未來世界普遍充滿著害怕，父母害怕孩子出社會後吃苦，希望他們填醫學院；政治人物害怕落選而抹黑對手；每個人害怕別人看見自己的缺點，一味掩飾它，結果越躲越隱藏不住自己的自卑……**「害怕」讓我們乾脆什麼事都不**

做，甚至做錯，為什麼我們要讓恐懼癱瘓自己的人生呢？

我們的擔心害怕，往往把自己禁錮在舒適圈當中，與同溫層的朋友互相取暖。「每天做一件令自己害怕的事」便是前美國總統夫人愛蓮娜．羅斯福給自己的期許，鼓勵大家勇敢無畏地面對未知的挑戰。她的這句話啟發了成千上萬的人，去迎戰潛伏在內心的不安與恐懼。

二十九歲從耶魯大學畢業的諾艾兒（Noelle Hancock）就是受到愛蓮娜這句話的激勵，決定每天做一件令自己害怕的事。

她在公司無預警裁員以後，不知道該何去何從，因此把自己的恐懼全部寫了下來：怕高、怕飛行、怕撞到東西、怕在眾人面前演講、怕批評別人、怕和他人起衝突、怕後悔、怕得不到認同等，然後一一克服它們，甚至將自己的經驗出版成一本書《不要和鯊魚接吻，但要和勇敢一起睡覺：每天做一件自己害怕的事，讓你每一天都比昨天更勇敢！》把恐懼當作人生的驅動力，讓她勇敢活出不一樣的自己。

二〇一一年，我才剛開始跑步沒多久，偶然看見Nike在台灣第一次舉行大型女生路跑賽NIKE FREE YOURSELF的消息，不知道哪裡來的勇氣，我決定做一件以前不敢做的事，報名五公里組！

Nike全球女生路跑系列源自於紀念美國傳奇長跑選手瓊．貝努瓦（Joan Benoit），瓊曾經在一九八四年以兩小時二十四分五十二秒的成績奪得奧運首屆女子馬拉松項目的金牌。為了紀念瓊的貢獻，二〇〇四年，Nike舉辦了第一屆舊金山女子馬拉松，現在已經擴展到全球十九個城市，這股馬拉松風潮也吹到了台北。

從來沒參加過運動比賽，連三公里都沒有達陣過的我，那一個瞬間想要挑戰內心的恐懼，就約了好朋友一起參加路跑賽，殊不知看似短短的里程，改變了我的一生，從此以後愛上慢跑這項運動。

我很喜歡股神巴菲特（Warren Buffett）的一句話：「做你沒做過的事叫成長；做你不願意做的事叫改變；做你不敢做的事叫突破！」其實，**恐懼跟勇敢是一體兩面，突破自我的限制，嘗試原本不敢做的事情，生命的道路會在不知不覺中變得更加寬廣**。原來，不害怕的另一面就是勇敢啊。

不是成功後才去相信，而是先相信才有可能成功

「五公里？你在開玩笑嗎？你連三公里都跑不到。」朋友不客氣地說。

「為什麼不可能？我相信我可以的。」我告訴她，只要你相信，就能跑得到。

相信是一種個人信仰，相信弱不禁風的身體也可以跨步前行；相信在捉襟見肘的經濟困境下也可以出國求學，這是相信的力量，是跑步讓我相信了「相信」。

大學畢業後我工作了兩年，在台北擔任網路設計師。雖然下班後總是全身虛

脫、疲憊不堪，只想好好躺平休息；即使生活條件如此嚴苛的處境下，仍然心繫著留學的夢想，對未來感到徬徨，但是，為了迎接人生中第一場比賽，不管多累，我都會在下班之後僅剩的一點時間裡到操場練習，跑完步再回到小公寓準備英文托福以及申請留學的資料。

我在汗水淋漓的步伐中且跑且走，此時生活中的無奈也在呼氣吐氣之間竄出，大剌剌地逼我正視它。當微風迎面而來，冷卻了被汗水浸濕的身軀，好似在高速運轉的過熱鍋爐裡，一股涓涓流過的冷泉，平息了不少失眠的焦慮與逐夢的苦澀。

電影《功夫熊貓》（Kung Fu Panda）是主角熊貓Po變成神龍大俠，拯救整個和平谷的一連串冒險犯難的過程，並且選擇相信自己的故事。一直以來，Po深信不疑有一道秘密配方，是廚師爸爸獨門特製的口味，由老一輩經年累月流傳下來的，所以別人怎麼煮都無法複製那一味。

當Po經過接連奮戰好不容易取得秘笈「神旨」的時候，卻發現是一紙無字天書，裡面什麼都沒有，令他感到非常絕望。此時，鵝爸爸對Po說：「世界上沒有什麼所謂的特別秘方或秘笈，你只需要相信它存在。（There is no secret ingredient. You just need to believe.）」

Po恍然大悟，原來爸爸的湯麵無與倫比的好吃，不是源自古老秘方，而是相信自己的手藝可以煮出最美味的湯頭，他才明白一切的成功歸因於自己的內心，唯有

「相信」才是功成名就的不二法門。

我抱著相信自己可以做得到的信念，緊鑼密鼓地練習，終於比賽日前一週跑到了三公里！不同於第一個一公里的辛苦，達成三千公尺的感覺很舒服，不擔心小腿痠痛僵硬，也不害怕心臟負荷不了，自然而然地跑著，然後就超越了三公里大關！因為憂鬱失眠導致注意力不集中的後遺症，在慢跑之中逐漸改善，慢慢找回專注的感覺，這使我更期待比賽當天到來，想要大步迎接屬於自己的第一個女子路跑，相信等在五公里的那一端，會是一個更勇敢的自己。

超級菜鳥的五公里挑戰

五月二十九日星期日清晨五點，「興奮」是睜開眼睛的第一個念頭。今天是我的第一個路跑賽！

六點不到，七千名女力大軍便紛紛湧入總統府前的凱達格蘭大道，她們身穿桃紅色戰服，密密麻麻的紅點照亮了黎明的台北街頭，場面浩大又搶眼。聳立在起跑點的巨型蘋果綠拱門，是青春活力的召喚，記錄著歷史的一刻。

今天，我就要出發征服自己的害怕，不抗拒早起，不畏懼距離，菜鳥也可以展翅飛翔。

六點一到鳴槍響起，宣布台灣女性路跑風潮的年代正式揭開序幕。由於現場過於熱鬧，槍聲有響沒有聽到，反倒是尖叫聲四起，七千名桃紅女孩奮勇向前把仁愛路染成了一條紅色流域，每個女孩臉上出現了自信、燦爛與無懼的神情，不分年紀、不分職業、不分胖瘦，今天我們都是紅色戰士，為了挑戰更好的自己而跑。

「一起加油！我們在終點見。」我跟好友說。起跑後，環繞四處都是跟我一樣喜歡跑步的女生，原來跟大家在一起跑步的感覺這麼好！跑步其實並不孤單，大家一起朝同一個目標努力的感覺真實又夢幻，現場的快樂能量感染了我，我從來沒有跑得這麼快、這麼感動過。

五公里組是從總統府凱達格蘭大道出發，經由仁愛路到建國南路口，再原線折返回到凱達格蘭大道。一路上，兩旁的樹蔭在地面拓出千變萬化的圖騰、呼嘯而過的建築物標示著地理位置，不需定位也能清楚找到自己的方向。**原來，每個人都有屬於自己的位置，不是跑得比較快的人才能得到掌聲。**

大多數的人在學生時期，為了達成父母的期待追求成績的高低；進入社會後，在乎老闆的評價而賣命工作；女人步入婚姻後，犧牲工作與夢想，試著做個稱職的妻子、媳婦與母親。許多人在汲汲營營的日子裡，勉強把自己塞進符合大眾眼光的容器裡，而不知不覺陷入憂鬱的泥沼中。

我們都害怕自己落後，成為社會邊緣人，然而，看著這些身邊的跑者不分名

FREE
YOURSELF
TAIPEI
5K
4910
4806
2833

TAIPEI
NIKE FREE
2011.05.29
NIKE女生路跑
FREE
YOURSELF
自由 用跑的
START

次，各個快樂地前進：跑快的人不會優越，跑慢的人不會自卑，雙腳的步伐就是最適合自己的速度，汗水滴下來的地方是屬於自己獨一無二的印記，我們不需要一味追逐社會價值下不屬於自己的道路，只有自己可以決定所往的方向。

回程折返的路途，大家都已疲憊，放慢腳步地跑著，終點的巨型拱門在遠方隱約可見，隨著綠色小點越來越近，我的思緒也越來越清晰，當意識到拱門僅有幾步之遙時，已經跨越終點線。瞬間低頭一看，那是我慢跑以來最遠的距離，也是最好的成績。

我居然成功挑戰了害怕不已的五公里！這場NIKE FREE YOURSELF女生路跑讓超級菜鳥的我相信，不管什麼年紀，因為什麼理由，每一個女生都擁有挑戰自己的無限潛能。你有什麼想做卻不敢做、覺得做了也無法成功的事呢？每天去挑戰一件自己害怕的事，**哪怕是多麼小的目標，哪怕身為多麼菜的初學者，只要跨出第一步，你就比昨天的自己更勇敢。**

相信自己的力量，就能在未知的領域中找到自己的一席之地。

16

奔跑吧！告別孤單的十公里

世界上每分鐘都有人出生，也有人死去；每一秒都有人感到幸福快樂，同時也有人承受著痛苦悲傷。每分每秒，你都不是一個人正在承受某一種情緒和事件，我們是很多人一起面對人生的喜怒哀樂：一起哭、一起笑，並且一起扶持成長。

跑完台灣第一場女子路跑以後，我申請上教育部的留學獎學金跟美國的研究所，來到了地球的另一邊：紐約。

紐約這個城市，很有默契地包容了來自世界各地的文化、種族以及服飾，冬季冰天雪地裡在時代廣場有裸體牛仔高歌、夏季熱浪來襲時在紐約街頭有暴龍裝出沒，想要比怪的話，地鐵上永遠有比你更瘋狂的人，沒有人會對你的服裝品頭論足。長期身處在亞洲社會的我，初次體會到什麼是真正的自由，想穿什麼就穿吧！沒有人會批評你什麼，我樂於做自己，舒適地把自己攤在太陽底下。

面對憂鬱，你並不孤單

研究所第二年，偶然在網路上看見台灣女作家歐陽靖寫的文章〈我與我的四十二・一九五公里〉，一瞬之間，內心像是被人電擊一般。原來，我不是第一個因為憂鬱而開始跑步的人，有人跟我有一樣的感受跑在世界另一個角落，甚至憂鬱程度比我更嚴重，但是她克服了自己。我的眼眶不由自主地紅了起來，久久不能自已。

長久以來，我一直跑得很孤獨、沉重，找不到共同信念的夥伴（身邊的朋友全部是為了瘦身而跑），也生怕跑了又沒睡好，徒勞無功，這種白忙一場的壓力讓我備受挫折。不過在歐陽靖的文字裡，我重新找到了跑步的動力：每一個女生都可以跑，每個人都有正當跑下去的理由。第一次我感受到他人站在跟自己一樣的角度和位置上，感受相同的掙扎。

那個下午，外面不到十度低溫，我首度在曼哈頓街頭踏出了奔跑的腳步，穿梭在熙來攘往的人行道，在鹹鹹鹽味的河濱公園裡逆風而行，一路上流著眼淚對自己說：「我再也不是孤單一個人了！我想要跑下去！」由於河邊風大，眼淚在臉上留下近乎水平的痕跡，一滴一滴感動的淚珠閃耀著，感覺好像站在一個孤單星球，突然聽到緩緩傳來的回音，有人聽見了我的呼喊，正面回應了我：「你並不是孤單一個人！」

在大街小巷奔跑比在健身房跑步更棒，我跑進了以前從來沒有踏入的堡壘華盛頓公園（Fort Washington Park）的幽靜小徑，左前方可以遙望喬治華盛頓大橋（George Washington Bridge）令人屏息的天際線；我也沿著河濱公園（Riverside Park）往下跑，將對岸新澤西（New Jersey）跟哈德遜河（Hudson River）波光粼粼的遼闊浩瀚盡收眼底。河濱人行道路與河面同高，野雁在草地上悠閒地覓食，這像是一個美好平靜、與世無爭的烏托邦，就在離我家五百公尺遠的地方，而我從來沒有發現過。

有時候，我也會被殷紅色的晚霞吸引，駐足欣賞。當黃昏過去，我再也不怕被黑暗淹沒，張臂擁抱內心孤獨的潮起潮落。人會寂寞、會焦慮、會痛苦，都是正常情緒的一部分，不需要去抗拒它的存在，讓它被接受，成為生命中必經的成長流域。

台灣十分受歡迎的節目主持人Jenet謝怡芬，在她正面陽光的形象之下，也有孤單潰堤的時候。二〇一六年她分享一段自己雙眼紅腫、正在哭泣的影片，並且透露：「我們太常透過Facebook或ＩＧ和朋友聯繫，臉書上的照片總是從眾多張照片挑選出來最漂亮的一張，或是多半呈現一些光鮮亮麗的東西，所以會有一種假象，總覺得別人的生活看起來很令人羨慕，其實真實的狀況並不是這樣。我也是人，也會難過，或突然陷入憂鬱情緒。我想要讓你們知道：你真的並不孤單。」

她對著鏡頭流下眼淚的樣子讓人心疼，卻也讓我們看見她有血有肉地表達身為藝人的真實模樣。**所有的低落心情都是正常的情緒，我們不是第一個，也不是唯一一個正在經歷這種情緒的人。**

自此之後，我變得更堅強了。沒有找私人教練，沒有上專門課程，沒有營養師協助，我一個人摸索著如何去跑。原本最遠只跑到六公里，漸漸地跑到了八公里、九公里，然後第一次跑到了十公里！每跑一步我都告訴自己：「加油，你可以的。你一定做得到！」

因為曾經脆弱，所以現在才能堅強。只要內心有方向，知道出口在遠方，黑暗就不會一直如影隨形。重要的是我們會一起跑過，你並不是一個人。

十公里沒有想像中的遠

研究所畢業前夕，我報名了Nike Amazing Gateway Girls' Running女生運動節的十公里組。從台灣跑到紐約，現在我想回到最熟悉的土地，好好地跑一回。我是多麼渴望，可以回到當初起跑的地方重新揮汗；我也沒有想到再度回台灣參加慢跑賽，一隔就是兩年。

這兩年，我在紐約度過了研究所的密集課程、挺過了留學的經濟壓力，國外的世界看似美好，但是濾鏡底下的毛片才是最真實的世界，學會了生活，告別了孤單，才能讓過去的傷口消炎、癒合、重新生長。

這一次的路跑，讓我有一種發自內心的快樂，清晨五點，大地依舊沉睡的時刻，就絲毫不費力地起身。

搭上計程車，司機對我一身螢光蘋果綠的活力裝扮感到好奇。

「你要參加什麼活動啊？去跑步嗎？」

「對，今天要參加十公里的路跑賽。」我雀躍地說。

「哇，你這麼瘦，看不出來這麼厲害！」

一路與司機伯伯精神抖擻地聊天，令人倍感溫馨。經過異鄉的孤寂歲月，繞了地球一大圈回到台北，我特別珍惜在這片土地上與人相處的機會，那是國外怎麼也找不到的人情味。

當一〇一還在夜色中貪婪地想要多睡一會時，一萬多名女生已經迫不及待地在台北市政府市民廣場前準備起跑，人群中混雜著興奮不已的高音，大家跟著台上的教練做暖身操，在每個毛細孔底下醞釀著隨時可以燃燒的熱情火苗。

「砰！」熟悉的一聲槍響，女孩們猶如成千上萬的蜜蜂出巢，飛快地向前方衝去。霎時，我想起了以前的自己：那個不確定未來在哪裡、不知道有沒有被國外學校錄取的小女生，到現在拿到獎學金、完成留美碩士的輕熟女，是什麼樣的勇氣讓我跨越太平洋的阻隔，來到遙遠的國度完成原本不可能實現的夢想？是什麼樣的力量讓我從一個八百公尺都完成不了的弱女子，到今天參加十公里比賽的女漢子？我不斷思考著。

從台北市政府市民廣場出發，跑過信義區轉仁愛路，因為訓練充足，呼吸跟心跳非常穩定，跑步暢快的感覺油然而生。在每個步伐之間，心無旁騖地全力邁進，痛快淋漓地呼吸著愉悅的空氣，把自己的體能提升越過預定的里程極限。

回程的時候，太陽已經盤據台北上空，發射紅外線為參賽者加油打氣，氣溫一路衝破三十大關，大汗淋漓，但是每跑一步都是感動！謝謝歐陽靖給我的力量、謝謝紐約給我的啟發、謝謝台灣這張安全網接住海外遊子迷惘的心，讓我知道我不是獨自一人面對嚴峻的考驗。就像〈最初的夢想〉歌詞說的：「沮喪時總會明顯感到孤獨的重量，多渴望懂得的人給些溫暖借個肩膀，很高興一路上我們的默契那麼長，穿過風、又繞了彎，心還連著像往常一樣。最想要去的地方，怎麼能在半路就返航，最初的夢想絕對會到達。」

最後一公里的衝刺，抵達最初夢想的大門！回頭仰望著這條終點線，早已深深刻畫在我的人生裡，其實十公里沒有想像中的遠！沒想到有一天可以完成這麼遠的距離，還可以得到人生第一面獎牌。因為有你們的陪伴，我腳下的步伐不會停止，每跑一步都是挑戰自己的渴望，每前進一尺都是扭轉未來的可能。

和別人不一樣又怎樣？我們都不是一個人，不要放任自己獨自去承受。勇敢去闖，一個無限可能的自己就在眼前。

AMAZING
GETAWAY

TAIPEI
AMAZING
GETAWAY
2013 NIKE 女生運動節

17 舊金山女子半馬：穿越逆境的意志力

那些堅持跑步的人，到底是為了什麼理由而堅持呢？翻閱日本知名作家兼跑者村上春樹的書《關於跑步，我說的其實是……》，其中一句話強而有力地掉落在我心上：「跑步不是鍛鍊體力，而是意志力的磨鍊。」這句話形容我的心境，再貼切也不過了。

越過經濟困境，取得前往馬拉松比賽的機票

我想，應該沒有人會像我為了一張機票掙扎那麼久。

低薪、貧窮與看不見的未來，是厭世代共同的困境。我也曾經是22K的受害者，畢業第一年就遭遇金融海嘯、無薪假盛行，跟厭世代不同的是，我為了留學借貸百萬，把自己弄得更窮了。因為我知道自己的未來必須由自己去創造，這個世界氣壓越低，更要樂觀以對，受苦的人是沒有悲觀的權利，不是嗎？

來美國求學後，除了回台灣以外，我沒有去過其他任何州，不是因為我很宅，

而是想要省錢還債，所有的休閒活動都以免費的展覽、跑步為主。

當身邊朋友在每個假期刷卡買機票時，他們總是會問：「你有沒有去過哪裡？」

「沒有耶，我不旅行。」

「你來美國哪裡都沒有去，真的好可惜喔！」

「我本來就不是來美國玩的啊。」而且，旅行的錢，從哪裡來呢？

每次遇到這種對話不免有「何不食肉糜」的感慨，我並不仇富，但是大部分可以出國讀書的學生，無法理解我「不拿父母的錢」的堅持。

直到畢業後我在紐約的大公司找到工作，薪水扣除基本開銷跟貸款後，有了餘額，才讓我終於下定決心買一張飛往舊金山的機票，參加一直以來的夢想：舊金山女子馬拉松。它是世界上最大的女子路跑賽事，和來自全球五十四個國家、超過三萬名的女性一同跑在太平洋沿岸，感受灣邊之城的魅力；加上在台灣參與過兩次Nike舉辦的賽事，一直想要親自到女子馬拉松的發源地，留下專屬自己的雙腳印記。

雖然我一直掙扎著，要不要為了跑步千里迢迢到遠方，進行一趟筋疲力竭的旅程？花一大筆錢折磨自己，這樣值得嗎？

或許，對於像我一樣喜歡跑步的人來說，參加馬拉松不是旅費的問題；反過來想，不是每個有能力買機票的人，都有體力跑完全程，這是金錢沒有辦法買到的自我挑戰與成就感，比任何吃喝玩樂的行程更有價值。我不想要等老了，再後悔沒有趁著青春之際去挑戰自己的極限，錯失大好機會。想到這兒把心一橫，信用卡一刷，確定訂機票了。

在混亂失序的年代中，是跑步幫助我尋得對抗經濟逆境的韌性。如今我克服了旅費的桎梏，終於得到一張前往馬拉松的機票。

父親中風帶來的人生打擊

你曾遭受過突如其來的打擊嗎？被自己一手創立的公司掃地出門？經歷過土石流把家園淹沒的悲劇？甚至被橫天飛來的車禍撞得只剩下傷殘的身軀？

二〇一七年，Facebook臉書營運長雪柔．桑德伯格（Sheryl Sandberg）在丈夫戴夫．古德伯格（Dave Goldberg）意外驟逝後的兩年，出版了《擁抱B選項》（Option B: Facing Adversity Building Resilience, and Finding Joy）一書，分享她的喪夫之慟與面對死亡的謙卑。

Resilience這個字是面對逆境的恢復力，就是「韌性」的意思；簡單來說，就是我們常常聽到的「跌倒之後再站起來」。雖然這是淺顯易懂的道理，但對於許多病

入膏肓的人卻是一件相當不容易的事。

我在美國讀書的第一年，父親突然腦部中風倒在家門口，事情發生的當下只有他一個人，之後才被人發現送進醫院。醫生診斷他的右腦受損、出血嚴重，導致左半邊從頭到腳幾乎癱瘓，無法自理生活。

自此以後，父親便安置在醫院附設的護理之家，接受長期的復健治療，從那個時候開始，家裡的經濟負擔更重了，母親連最後養老的退休金都拿出來給父親治病。

這一條漫漫的復健長路，挫折感極深，對病患、家屬來說都是如此。你可曾想過，當一個人沒有辦法自己上廁所，需要有人幫忙更換尿布的時候，他的尊嚴承受多少打擊？心理上需要多少時間才可以調適與恢復？當肌肉不聽使喚、沒辦法支撐身體的重量，又需要多少個小時的練習與跌倒才能再站起來？

面對逆境冷不防地來襲，造成生理上的殘缺，我們都一樣，曾經無奈嘆息、無力使喚。然而，面對人生的打擊，也是我們展現人性越挫越勇的時刻。

心理創傷如同肌肉撕裂一般，讓我們變強壯有力。因為運動時，肌纖維受到高強度的訓練會產生細微的撕裂，而撕裂的肌纖維在訓練後的恢復中會被修補得更加粗壯，從而實現肌肉增長。

每次看到父親光是把手抬起來，就痛到不能自已，我總是告訴他：「有痛，才是在恢復體力；有痠，才是在生長肌肉。不要害怕過程裡的痛楚，那是正在進步的象徵！」**人生就像肌肉，要越練才會越發達，不是嗎？**

非跑不可的意志力

前往舊金山之前，工作特別忙碌，心情也分外緊張。下班後拖著行李箱，衝刺在機場航廈之間，搭乘前往時差異次元的航班。我心甘情願被混亂的時間軸轟炸，即使睡眠破碎、舟車勞頓，種種辛苦也比不上參加馬拉松的雀躍感。

那一年，剛好適逢舊金山Nike女子馬拉松賽十週年，為了慶祝十週年，除了盛大舉行一系列訓練與活動之外，完成比賽的跑者還可以得到象徵古希臘數字十的Tiffany紀念款項鍊，剛好也紀念著我人生中第一個半馬。

二〇一三年十月二十日比賽當天，清晨五點天色未亮，舊金山的街道已經被三萬名女跑者與無數的加油人潮占據。集合時，霧氣繚繞異常濕冷，只有六度的低溫，冷得直打哆嗦。大家卻好像不受低溫影響，熱情地隨著賽前音樂舞動、暖身，漸漸地我也抖去寒氣，在大家的加油聲中暖和了起來。

在出發前一刻，人聲鼓譟的片刻我卻顯得異常平靜，不停思考著自己是為了什麼理由而跑？許多女生為了減肥而慢跑，Nike女子馬拉松為了白血病與淋巴瘤協會而募款，從前的我為了擺脫失眠而跑……那麼，現在的我呢？

這幾年我從台灣到紐約求學，畢業後在紐約工作，一個人獨自在異地打拚，克服昂貴的學費、生活費與房租。過去，我為了讓自己更堅強而跑；**現在的我，是為了中風的父親而跑。我想要讓他知道，再困難的事，只要有意志力就可以完成，這就是馬拉松的意義。**

起跑了！我們在黑暗之中從Union Square出發，沿著舊金山灣San Francisco Bay到Golden Gate Park，一路上丘陵地高低起伏，不時有長達一英里的陡坡，簡直是慢跑者的地獄。這些此起彼落的斜坡像是人生躲不掉的逆境，不更加賣力往上跑的話，只能淪落跌至谷底的命運。雖然比起在平地跑耗費更多的體力，但同時也鍛鍊著我們亦柔亦剛的生命強度，驅使著自己往更堅毅的路徑靠近。

前十三公里狀況很好，腳步輕盈，在人群中穿梭、上下坡都不是問題；到了十六公里的時候，大腿與小腿的肌肉痠痛，讓我不得不放慢腳步，重新找回平衡點。難的是，山地起起伏伏，幾乎不可能找到定速的節奏，加上那天氣候惡化起了大濃霧，跑進山區的時候濕度接近飽和狀態，令人覺得更加寒冷，我不斷地告訴自己：「不要忘了你來這裡的目的，不要忘記你非跑不可的堅持，不要忘記你是為了父親而跑！」

韌性不是與生俱來，必須像肌肉一樣鍛鍊它，才能獲得穿越逆境的力量，而父

Nike Women
MARAT
SAN FRANCI
13401
HALF MARATHON

NIKE WOMEN'S MARATHON
SAN FRANCISCO 2013

NIKE WOMEN'S MARATHON 2013

親就是帶我越過難關的驅動力。

最後的五公里絕對是大魔王，它會讓你身陷絕望之中，看不到終點，也無法回頭。唯一令人安慰的是沿路綿延不絕的標語看板與應援群眾在身邊大喊：「Great Job Ladies！」「Be proud of yourself！」，他們滿腔熱血地拍手喝采給了我奮力向前的勇氣。

就這樣，一個大轉彎之後，看到了兩百公尺之外的終點門，我用盡最後一點僅存的力氣，在通過終點的時候展開雙臂向著天空大喊：「I MADE IT！我真的做到了！」

雖然我還是一個慢跑菜鳥，也只是跑了一個半馬，但是我真的很激動，原來我也可以跑這麼遠，這麼長，原來我可以。

突破自我的第一個二十一公里，獻給我的父親。

18

莫忘初衷：華盛頓特區的里程碑

一個人、一顆不認輸的心，我以整整五年的青春長征，用二十一公里的馬拉松書寫自己二十七年來的人生故事。美國傳奇賽車車手戴爾・恩哈特的名句：「勝利者不是跑得最快的人，而是拒絕認輸的人。」或許，人生最大的勝利，就是秉持著初衷走向自我實現的終點。

華盛頓特區女子馬拉松

經過舊金山女子馬拉松的魔鬼訓練後，我難捺心中的悸動，再度報名了華盛頓特區的Nike女子馬拉松。相較於美國其他城市，華盛頓特區是一個政治氣息濃厚又深具歷史意義的都會，它距離紐約只有短短四小時的車程，而在紐約生活了三年的我卻從來沒有機會到這個城市走走。因為馬拉松，才讓我有機會一睹美國首都肅穆壯麗的容貌。

四月的時候，公司一個很大的專案正在如火如荼地進行，每天一進公司，就被排山倒海而來的會議與十萬火急的截止日期淹沒，在被工作填滿的生活之中抽出時間，練習體力負荷極大的馬拉松，不是一件容易的事。有時候，不禁羨慕那些工作時間彈性或是無須加班的上班族，可以隨時練習長跑，但回過頭來想想，同時擁有一份自己喜歡的工作跟一個健康的嗜好，不是一件很棒的事嗎？這樣蠟燭兩頭燒的煩惱反而是一種甜蜜的負荷。

工作之餘，公司的同事們也喜歡跟我討論運動，並且對於我參加馬拉松抱持著高度的興趣。我們的專案經理Dan會運用午休時間去健身房一小時，不時跟我分享健身的事情；另一位資深設計師Brad也是喜歡運動的跑者，常常利用時間去重訓與慢跑。沒想到跑步除了強身健體之外，也成為跟同事拉近距離的好話題。

「跑步加油噢！」同事知道我要參加馬拉松後，紛紛為我打氣。

我點點頭道：「一定會的。」每一個人的加油都是一股堅定又溫暖人心的力量。

四月十四日這一天，我正式宣告付清百萬學貸；而四月二十七日的華盛頓特區女子半馬，就成為我還完學貸的一個紀念里程碑，也為五年來的堅持畫下一個完美的句點。

照片來源由 Nike 官方提供

最美的起跑點：國會山莊

凌晨五點，一萬五千名女孩的興奮笑容就把美國首都華盛頓特區給喚醒了，晨曦的陽光迷濛魔幻，宛如令人目眩的天使之光，暖烘烘地襯托出每一位引頸期盼的臉龐。我難掩興奮的心情進入了自己的配速區，就是今天，我想要用一場馬拉松結束過去五年的掙扎，為自己寫下嶄新的人生扉頁。

華盛頓特區女子馬拉松（Nike Women's Half Marathon DC）所規劃的起點也是終點的賓夕法尼亞大道，是美國歷史上最著名的一條大道，它正對著國會山莊，兩旁樹木鬱鬱蒼蒼、搖曳生姿，美到令人屏息！這絕對是我這輩子見過最夢幻的起跑點，也是參加過的路跑中最經典的預備區，我為自己有幸欣賞眼前的華麗壯闊而樂，也為終於結束現實的經濟壓力而喜。

所有跑者在賽前齊聚一堂，從二十歲、四十歲到八十歲的奶奶都有，個個精神抖擻、自信動人。美國傳奇長跑選手瓊・貝努瓦（Joan Benoit）與紐約馬拉松冠軍沙蘭・弗拉納根（Shalane Flanagan）也來到現場跟大家一起準備衝刺。

前面提到，Nike全球女子路跑系列就是為了紀念瓊的成就與貢獻，五十七歲的她是天生跑者，身高一百五十七公分，體重四十六公斤，嬌小的身軀卻裝有不服輸的氣魄：膝蓋手術完僅十七天完成奧運馬拉松選拔賽、懷孕三個月挑戰波士頓馬拉松，驚人的毅力讓她成為首位奧運女子馬拉松的金牌得主、芝加哥馬拉松跟奧運馬拉松的紀錄保持者，並且連續二十八年創下波士頓馬拉松的最快紀錄。

能夠跟瓊一同在國會山莊前起跑，有種無與倫比的感動。體型如此瘦小的我們，骨子裡流的是不向命運妥協的血液。

瓊曾經說過：「跑步不只是將一隻腳放到另一隻腳的前面，而是關於生活價值以及自我塑造的運動。」

回想這五年的奮鬥過程，不就像是一場塑造自我的革命嗎？一場五年的馬拉松，你敢不敢挑戰？

在命運賽道中，勝利者不是跑得最快的人，而是拒絕認輸的人。我深信自己一定做得到，不論跑步、留學或是任何夢想。

莫忘初衷，用一場馬拉松告別過去

當槍聲響入雲霄，超過一萬五千名的運動女子像離弦的箭一樣，急速地向前奔去，華盛頓特區女子馬拉松正式開跑了！

不計其數的表演團體和街頭藝人在一旁展現職業水平的精采表演，慷慨激昂地打鼓、歌唱；親朋好友化身為龐大的加油團，舉起自行製作大型的標語，為跑者聲嘶力竭地加油，注入了源源不絕的能量。

從國會山莊、倒映池、國家藝廊、自由廣場、國家廣場、華盛頓紀念碑、傑佛遜紀念堂、二次世界大戰紀念碑、林肯紀念堂、阿靈頓紀念橋等，沿途淨是俯拾即是的歷史遺跡，讓人欣賞到融合古典與現代的建築設計，極其經典的路線規劃堪稱是美國歷史文化與人文景致的壯闊巡禮。

伴隨著綺麗的風景、平整寬闊的路面，身體逐漸發熱，定速在六分半左右的平穩步調，比舊金山上山下海的山稜線省力太多了，我大口大口地呼吸著草皮的氣味，徜徉在慢跑的每一步。

跑著跑著，我沒有忘記投身這次馬拉松的初衷，就是要好好地告別過去。原本經濟困頓根本沒有希望出國，到二十七歲還清所有的海外債務，順利地在美國生存下來，此時此刻還能在華盛頓特區參加人生第二個的半馬，這些蛻變大到連自己都覺得不可思議！

曾經，走在紐約街頭的我沒錢吃飯，躺在無盡的夜裡輾轉難眠，是永不服輸的力量驅使我走到今天這一步。夢想是需要淬鍊的，打擊也好，挫折也罷，秉持著經濟獨立的初衷，一切的酸楚都將成為過去，在未來成為刻畫生命的感性筆觸。

炙熱的陽光曬在我的皮膚上，透明的汗水從體內釋放出來，我的內心是欣喜的，步伐是堅定的，比賽沒有到最後一刻，永遠都有翻轉的可能。

DC

最後一公里的眼淚

跑過十三公里後，大型螢幕上會轉播現場跑者的英姿，也會顯示每一個人的名字與加油的字句。當我跑過螢幕前的時候，不僅秀出我的名字，一旁的主持人也以嘹喨的聲音唸出了我的英文名，當場給予鼓勵，霎時群眾像是英雄行經而過般，發出興高采烈的歡呼聲。

不僅如此，主辦單位提供的補給十分充足，有白開水跟低卡路里的補水飲品，過了十五公里後還提供巧克力跟能量棒，像是luna bars跟Clif Shot Bloks等補充體力的食物，確保每一位跑者都可以擁有源源不絕的體能，沒有後顧之憂地專心地跑下去。

不過，在長距離嚴酷的考驗下，最後的四英里我還是出現了輕微的撞牆期，雙腿無力、胸口很悶，每跑一步頭腦都覺得異常疲倦與虛弱，步履蹣跚。可能是賽前工作太過於忙碌，沒有讓身心好好休息，週末又實行高負擔的馬拉松，導致體力下滑。當下我立刻放慢速度，實行超慢的長距離慢跑ＬＳＤ（Long Slow Distance），每公里定速在七分半以下，讓身體有時間提供肌肉所需要的氧氣，並且代謝堆積的乳酸，支撐自己跑完全程。

所幸ＬＳＤ的策略是對的，倒數最後兩公里的時候，體力已恢復得差不多，我調整回原本的節奏，越跑越順，感覺周圍的樹木一一向後飛逝而去，終於來到二十公里處的最後一個轉彎，只剩下最後一公里了！

驀然回首美國這些年的生活片段，眼淚忍不住奪眶而出……讓我情緒潰堤的不是貸款金額，而是秉持著初衷跑向終點的自己。憑著一個人，整整五年的青春歲月，我娓娓道來自己從台灣到紐約的奮鬥歷程。**第一次，我覺得淚水是甘甜的、跑步是溫柔的，在告別債務達成人生里程碑以後，重新認識那個莫忘初衷、拒絕認輸的自己。**

或許，我抵達的不是馬拉松終點，而是馬拉松式的人生起點。如果你現在也正在面臨巨大的挫折與壓力，請你試著享受這些無法迴避的痛苦，因為最艱難的任務，才能打造出最堅強的你。

19

那些全馬教我的事：勇於挑戰的人生

我有能力完成四十二公里嗎？我有勇氣挑戰這個不可能的任務嗎？是什麼時候開始，我從一個慢跑菜鳥變成馬拉松女鐵人了呢？我想起了一句話：「有一天，或許你會發現，最感動的不是你完成了，而是你終於鼓起勇氣開始。」

四二・一九五只是一組數字

報名全馬比賽之前，我考慮了非常久的一段時間。我一想到四十二公里，第一個直覺便是否定自己：「我怎麼可能做得到！」然後找了很多藉口讓自我懷疑合理化：跑這麼遠一定會運動傷害，不利健康；更何況報名費很貴，好像沒有必要花錢又去參加跑不完的比賽……長達兩三個月，我一直不敢面對四十二公里這件事。

每一次我心想，算了！不跑也沒差吧！心裡又會有另一個聲音冒出來：「做為一名跑者，最大的希望就是能夠完成全馬。」至少一生一次，必須跑完四十二公里。

當時，我已經成功挑戰舊金山女子半馬跟華盛頓特區女子半馬，為什麼不能再自我挑戰一次？我發現之前的態度是一種逃避，我的想法局限了我的能力，都還沒有試過，為什麼認為自己不可能辦得到？不能因為距離很遠、很長，就讓內心的恐懼綁架自己，四二・一九五只不過是一組數字而已。

某天早上，我閉上眼睛捫心自問：「你到底想不想跑？願不願意向自己展現勇於挑戰的人生態度？」

我感受到了來自內心深處的渴望，答案是ＹＥＳ！我想要完成四十二公里的挑戰。

沒有腿卻跑得比我們快的人

美國的四月到十月，平均溫度在攝氏十度到二十度之間，是跑步最舒服的日子，也是我練習跑步最勤奮的季節。紐約尤其適合慢跑，馬路上、公園裡、河岸旁處處充滿著正在跑步的男女老少，你不會覺得跑步是一件很孤獨的事。當周遭全是跟你一樣熱愛運動的人，不僅更有動力，還可以觀察高手的姿勢跟配備，默默學習他們的技巧。

在下定決心參加全馬之後，我一如往常地在中央公園慢跑，那裡高手如雲，早已經很習慣見到職業等級的超馬選手。但是，這一天遇見了一位讓我永生難忘的跑者。

這名年輕男子只有一隻右腳，左邊的大腿跟小腿已經截肢，穿著細長的義肢跑著，看起來很吃力。尤其義肢讓他右腳肌肉負擔變大，不容易保持平衡，整個人有點向右傾斜，但是他非常努力地調整自己的姿勢，不曾停頓，穩定地往前跑。我無法想像光是用義肢走路，就有多麼辛苦，更何況是跑在坡度起伏甚大的中央公園！當下我深深被震撼了，像半截木頭般愣愣地看著他的背影。

他努力地向前跑，跑到我追不上的程度，最後離開了我的視線。

以前在電影裡看見裝義肢的跑者，總覺得很自然，好像他們天生就會跑一樣。但是親眼見到他們的身影、親耳聽到呼嘯而過的喘息聲，感動彷彿海水漲潮一樣在心中滿溢。跑在同一條道路上，**他的存在啟發了我，沒有腳不是放棄的理由，勇於接受挑戰的態度才是起跑的關鍵**。

「問題」的本身不是問題，「面對問題的態度」才是重點。為什麼我之前對於四十二公里會這麼害怕？自己好手手腳、沒病沒痛的，為什麼要畫地自限呢？

螃蟹脫殼理論

在準備全馬這段期間，內心宛如泰山壓頂一般，不但要面對工作上時程緊湊的案子，又要面臨長跑後筋疲力竭的折磨，體力也因為跑步強度增加而導致腿部肌肉僵硬、痠疼，不論是心理上、生理上，都像是繃緊的琴弦，隨時可能要斷裂。

我曾經聽過「螃蟹脫殼理論」，螃蟹一生中需要歷經許多次脫殼才能慢慢成長。蟹殼是一層富含石灰質的角皮層，不會隨著螃蟹的身軀日益長大，所以螃蟹長到一定的階段會進行脫殼，產生更為龐大堅硬的表殼。每一次的蛻變，都是牠最脆弱的時候，很容易耗盡體力或遭受攻擊，已經茁壯的大蟹或是還在成長的小蟹，脫殼所經歷的風險跟難度是不分軒輊的，不會因為大蟹脫殼多次，所以比較輕鬆容易，這跟每一個跑者在訓練長跑的時候，是一樣的道理。

慢跑的時候，從一公里跑到五公里，從五公里跑到十公里，從十公里跑到二十一公里，從二十一公里跑到四十二公里……每一次的突破，宛如卸下舊有的軀殼，鍛鍊出更強壯有力的心肺功能與肌肉組織，身體跟毅力一起進化到下一個里程碑。

突然覺得我有如一個中等體型的螃蟹，經歷過多次脫殼，再一次挑戰體能與意志力的極限，創造出屬於自己的堅硬羽衣。

啟發我的日本跑者之王

對上班族而言，練習馬拉松第一個困難就是沒有時間，其次是沒有精神。當你一整天大部分的時間都被工作占據，回到家已經晚上八點，又累又餓，如何做體力負擔這麼大的運動？週一到週五不訓練，只有假日的一次性長跑絕對是不夠的。

日本超級馬拉松名將關家良一說：「不要把跑步當作是『很特別的事』，而是要把它看成是『生活的一部分』，讓身體去習慣它是很重要的。」

關家良一是當代日本最著名的超馬跑者，是個用跑步通勤的上班族。他的正職是機械工程師，每天跑五公里去上班，再跑十一公里回家，總練跑量是十六公里。如果還有體力的話，他會再去自家附近跑個十三、十四公里，常常一天可以跑超過三十公里。他把跑步的態度融入了生活，在不影響家庭與工作的前提之下，充分利用時間跑步。

另一名跟關家良一相同背景的跑者，是日本市民跑者之王川內優輝。**他也不是職業跑者，藉由每天的通勤距離做為練習馬拉松的機會。**

川內優輝的正職是一名公務人員。他沒有受過專業教練的指導，也沒有任何集團贊助，卻在二〇一八年的波士頓馬拉松以兩小時十五分五十四秒的成績，成為自一九八七年以來首位奪冠的日本跑者，驚豔世界。對於正在準備長跑的忙碌上班族

來說，上班或下班的通勤時間是最好的磨鍊機會。受到他們的啟發，我心想：「每天早上我大約花四十五分鐘搭地鐵上班，加上走路的時間，到辦公室需要將近一個小時左右。如果利用這一個小時從公司慢跑回家，不是可以當作訓練嗎？」**於是我決定一週固定兩天跑回家，一趟距離剛好是十四公里。**

從慢跑菜鳥到馬拉松女鐵人之路

紐約秋天的晚上，我換上了輕薄的運動型衣物，略感涼意。從曼哈頓金融區西邊的河濱公園，沿著腳踏車車道一路往北，從晚上七點跑到九點剛好到家，才能坐下來吃晚餐休息。這兩個小時裡，哈德遜河的波瀾壯闊伴隨著我，混和著陣陣冰涼的秋風，洗滌了在城市工作的喧囂與繁忙，是我跟自己對話的時間。

每次練習的時候我不求快，也不勉強自己，從頭跑到尾保持勻速，只有在間歇訓練的時候，我才會感覺速度這件事。高強度間歇訓練ＨＩＩＴ（high intensity interval training）是個很值得參考的方法，不僅可以鍛鍊心肺功能、提高耐力，也能增加跑步的速度，幫助突破個人最佳紀錄ＰＢ。

方法：四百公尺快跑→兩百公尺慢跑→四百公尺快跑

週期：以上重複四到六個循環

不斷地重複快跑與慢跑，促使肌肉在有限的時間內消耗最大的熱量，並增加血液中含氧量，一個小時的間歇訓練比三個小時的長跑更有效率。快跑衝刺時運動強度大，主要提升新陳代謝與燃燒脂肪的速度；進入慢跑的時候要調整呼吸節奏，讓肌肉儲備下一次快跑的體力。

我半信半疑地試過之後，真的增強了跑步的肌耐力，有效提升體力及心肺強度！原本在中央公園跑兩圈，間歇跑後可以跑三圈，有了大幅的成長。

憑藉著挑戰全馬的渴望，我撐過了那段瘋狂訓練的日子：每天上班馬不停蹄地趕圖、開會，下班後花兩個小時跑步回家；假日則在中央公園實行二十公里以上的長跑訓練，每每回到家都得按摩加上伸展，讓硬邦邦的小腿減輕疼痛、舒緩不適。

「以前我們是一起練習五公里的慢跑初學者，沒想到你現在已經在準備四十二公里的馬拉松了！」一位朋友驚嘆地說。

「我也沒有想到自己會從一個慢跑菜鳥，變成馬拉松女鐵人啊。」我笑了。

人啊，千萬不要畫地自限，我們都有潛能，從一隻軟殼小蟹，一點一滴地變成鋼鐵石蟹。勇於挑戰自己，生命會越來越廣、越跑越長。

20

為愛而生：芝加哥馬拉松

如何在人生中去活、去愛，去成為一個有力量的人？國際知名的人類關係學家芭芭拉・安吉麗思跟我們分享：「一切的障礙與波折都是隱藏的功課，敬重它們，並向它們學習。不管遭遇什麼，一切的答案都是愛。」是的，如果沒有愛，我沒有辦法跑這麼遠。

世界六大馬拉松之一：芝加哥全馬

世界六大馬拉松分別是波士頓、紐約、芝加哥、柏林、倫敦與東京馬拉松，其中有三大馬拉松在美國。對很多國外的選手來說，要去這些城市很困難，不僅機票貴，還要從世界各地搭十幾個鐘頭的飛機才能抵達，既花錢、花時間也花體力。很幸運的是，這些城市離我都不遠，從紐約到芝加哥只要短短三個小時的飛行時間，星期五下班後去機場，星期一再回紐約上班，完全不影響工作，讓我很珍惜可以就近參加國際級比賽的機會。

這是我第一次造訪芝加哥，探索新城市的好奇夾雜著參加初馬的雀躍，走路都是連蹦帶跳，一舉手一投足都掩飾不了內心的輕快節奏。

電影《蝙蝠俠》是在芝加哥取景拍攝，劇中的高譚市就是一個以芝加哥為背景所建構的城市，夜夜籠罩著黑暗的惡勢力，蝙蝠俠會在錯綜複雜的車道中閃躲警方的追緝，是正義與英雄的化身。沒錯，芝加哥在一九四〇年代以犯罪聞名，搶匪與竊盜非常猖狂，蝙蝠俠為了打擊犯罪才會在此崛起。

我在跑步的音樂清單中特別加了電影配樂大師漢斯・季默（Hans Zimmer）為《蝙蝠俠》量身定做的曲目，風格氣勢磅礡，令人血脈張，彷彿蝙蝠俠就跟著我跑一樣，瞬間又多了幾分鬥志！當地報紙也曾經拍到許多扮演蝙蝠俠的蒙面跑者，身穿黑色的盔甲與披風在人海中穿梭，逗趣的模樣也為芝加哥馬拉松增添了不少話題。

自一九七七年以來，芝加哥馬拉松每年固定舉辦，它的優點不勝枚舉：

「全球一百三十二個國家、四萬五千名跑者參與，被視為世界上最大也最成功的馬拉松之一。」

「馬拉松路線在最精華的市中心，經過二十九個不同族裔社區的黃金地段，讓所有人都可以飽覽芝加哥的美麗。」

「平直寬廣的路面是慢跑的絕佳地形，上萬人一起出發也不會擠在一起，有助於職業跑者打破世界紀錄。」

「估計約有一百七十萬的圍觀民眾為跑者加油，是人數最多、最熱情的加油團。」

「良好的賽事管理：提供貼心服務與完善的補給，水與食物多到吃不完。」

我相信不同國家、不同城市的馬拉松賽事都是獨一無二的。對我來說，芝加哥馬拉松代表著我的初馬，有特殊的情感及獨特性，我要用最真摯的心情來完成這場世界級的賽事，留下人生中無可取代的美好回憶。

一輩子心甘情願的愛

如果舊金山女子馬拉松，是為了中風的父親而跑；而華盛頓特區女子馬拉松，是還清百萬學貸的紀念；那麼，二〇一四芝加哥馬拉松，則是為了台灣的家人、為了這份親情而竭盡全力。

貸款還清以後，這些年我把重心轉移到父親每個月龐大的醫療開銷上，我知道家裡沒有錢，所以拚命工作接案，把經濟重擔一肩扛在自己身上，希望家裡不要為錢擔憂。當大部分的父母在幫小孩買車買房、包紅包買禮物的時候，我總是想著，這個月要寄多少錢回台灣？如何不讓老人家一直付出金錢跟勞力？如何才能讓他們過更好的生活？

朋友不忍我的狀況，關心地問：「你長年匯錢回家，有打算要匯到什麼時候？」

「只要我有能力，未來的十年、二十年，甚至是一輩子，我都會這樣做。」雖然長期以來承受著說不出的壓力，但是我是心甘情願的，沒有後悔過。

許多人離開家鄉、告別父母，到美國接受自由獨立的教育、追求穩定高薪的工作，把夢想寄情於遙遠的國度。如今我留在這裡，完全不是為了自己想要得到好日子，唯一的理由是希望給爸爸媽媽一個安安穩穩的晚年。

這不僅是我參加芝加哥馬拉松的理由，也是一輩子跑步的強烈動力。我一直告訴自己要努力撐下去，有一天要改善家裡的經濟狀況，不讓沉重的醫療包袱落到家人身上。即使我沒有休閒娛樂、沒有辦法隨心所欲從事自己想做的事，但是為愛犧牲的心甘情願，讓我明白有能力貢獻自己是一種滿足。**或許，人生就是在不斷付出的過程中找到幸福。**

準備起跑前的醞釀

天氣預報一直顯示比賽當天會下雨，我一直擔心如果真的下雨的話應該如何因應，淋雨跑初馬將會是一場艱難的硬仗啊……所幸當天清晨醒來，居然晴空萬里，是個好天氣！因為一夜無眠所造成的頭痛，也隨著起跑時間越來越逼近而稍有平復。

吃完早餐，換上戰服，繫上鞋帶，準備出發。此時，心情不由自主地亢奮起來，準備了這麼久，就是為了這一刻。

蹲下來摸摸鞋子，這是我參加二〇一三年運動筆記大賞的徵文比賽得到評審獎的獎品：美津濃最輕量的鞋款WOMEN'S WAVE RIDER 17。對我來說，它是一雙舉足輕重的慢跑鞋，陪伴我參與了大大小小的馬拉松，是與我相知相惜的精神夥伴。前往格蘭特公園（Grant Park）前，我對鞋子說：「今天就拜託你了，我們一起加油，跑過終點線，好嗎？」

清晨氣溫大約九度，外國人全身是輕薄布料的短袖短褲，完全不畏寒，彷彿有零度以上就算是溫暖的氣候，讓我實在非常佩服他們的耐冷程度。從世界各地飛來的選手在風城的天空底下醞釀猛虎出閘一般的爆發力，每個角落都是摩拳擦

K53284
H40864
Chicago Marathon

Bank of America
Chicago Marathon
2014

掌的跑者。

在排隊的時候，我遇到了一個來自波士頓的女孩。

「這是你第一次跑全馬嗎？」我問。

「對，第一次！」她開心回道。

「這也是我第一次跑全馬，非常期待。」我們都難掩參加初馬的興奮心情，相視而笑，然後一起走入各自的配速區，等待起跑後在未知領域痛快地呼吸。

在槍聲響起前，我提醒著自己：「為了家裡的醫療費而跑。」

充斥藥水味的醫院、通往復健室的電梯、父親練習復健的枴杖……這些一幕幕熟悉的畫面，在我腦海裡破碎重組成為一片汪洋大海，任由它潮起潮落，並且在距離台灣一萬公里的遠方匯集成一股由愛而生的力量。

Do Epic Shit！什麼是成為史詩般的狗屎？

起跑了！四萬五千人傾巢而出，期待已久的選手們紛紛振臂歡呼慶祝，如雷貫耳的加油聲也在前方此起彼落地響起。我抱持著平常心，讓自己不受環境的影響保持安靜的呼吸，彷彿導演刻意在戰爭片衝鋒陷陣的人群當中消音，所有聲音都被阻隔，動作被放慢……我想要一如往常的穩定表現。

前面十公里順暢地向前方奔馳，我刻意在途中沒有看里程數，專注聆聽著鞋子摩擦地面的沙沙聲、靜靜感受著汗水在背上滑落的痕跡。道路兩旁擠滿了絡繹不絕的加油民眾、藝文團體的表演、搖滾樂團、管樂隊、啦啦隊、反串皇后、美聲團體，也有為爸爸媽媽加油的可愛學童，他們是一群比跑者更投入的「瘋子」，我之所以會用瘋子來形容，是因為一大清早要這樣大吼大叫四、五個小時，還製作精美的加油看版，為素未謀面的陌生人加油打氣，實在太熱血了。

芝加哥有一百七十萬市民全體總動員鼓勵選手，讓參賽者更有力量在街頭豪邁地奔跑。一開始我還在想，或許只有前十公里在市區會出現很多湊熱鬧的人潮，其實不然，每到一個文化社區，例如老鎮、瑞格利球場、希臘城、小義大利、中國城、橋港區等，全程四十二公里滿滿的加油聲，一刻也沒有停過！

「你的汗水啟發了我。（Your perspiration is my inspiration.）」

「我們是陌生人，但我們以你為榮。（We're strangers but we are so proud of you.）」

「你真了不起。（You're amazing.）」

花團錦簇的看板和旗幟在街道的兩旁高舉著，令我印象最深刻的一句標語是「Do Epic Shit！史詩般的狗屎」接連不斷地出現，當下心中充滿疑惑，什麼是成為史詩般的狗屎？

後來去查它的意思是**一個人突破舒適圈去達成壯舉，具有重要歷史性的偉大成就，像是喜馬拉雅山攻頂、開車橫越美國東西岸、完成一場馬拉松都適合稱作「Do Epic Shit」**，簡單來說，就是你棒極了！以後我去加油的話，就可以寫這句道地的英文來鼓勵世界各地的選手（笑）。

聲勢浩大的民間團體多是自發性而來，不僅傳達給跑者正面的精神支持，對推廣整個城市的運動風氣也卓有成效。難怪國外的跑步風氣如此盛行，許多運動員小時候都曾經參與過類似的活動，也加深了日後對慢跑的嚮往。

繼續北上，經過芝加哥最富裕的河北區、黃金海岸，隨後進入童話故事般夢幻的老鎮，那是躲過芝加哥大火摧殘的幸運地，保留了古色古香的歷史遺跡，讓我好像進入了電影《魔戒》裡小矮人的安樂居所路斯山，沉浸在清逸靜謐的林木之間，一切都這麼純潔而美好，給人一種歲月靜好的撫慰。

主辦單位在每三公里處就會架設一個補給站，綠色杯子裝的是運動飲料，紅色杯子裝的是白開水，之前參加的馬拉松只有提供白開水而已，沒想到這次從第一站就有甜甜的Gatorade，每站綿延一百公尺以上讓每個人可以立即拿到飲料，適時補充電解質。或許，因為有運動飲料的加持與熱情加油團體的打氣，前二十一公里跑得全神貫注，重複著雙腳交替的動作，不知不覺跑過以前認為是極限的半馬，現在居然一點累的感覺也沒有，體力就像高速運轉的賽車，破天荒地向下一個挑戰疾駛而去。

一年前我通過舊金山馬拉松的終點線，用盡最後一點力氣完成半馬的畫面，還深深烙印在腦海裡，一年後的自己居然跑完二十一公里，還要繼續跑下一個二十一公里！此時此刻我真正體悟到，自己成長的速度有多麼驚人，過去的極限成為歷史，我正在創造下一個人生限度。

為愛重生的浴火鳳凰

離開老鎮回到市中心，之後再往西邊的希臘城、小義大利方向，慢慢接近三十公里大關。

我注意到鄰近的跑者，是一位看起來老態龍鍾的五十幾歲阿伯，他穿著防風禦寒的塑膠袋跑著；正前面有一位胖胖的華裔年輕男子上氣不接下氣地一下跑、一下走；另外有一位雜耍奇人拿著五顆蘋果不間斷地拋在空中，邊跑邊表演，十分樂在其中。每個人都是生命的鬥士，每一個里程數都是毅力與堅持之下的成果。

身為一個好手好腳的年輕人，不胖不病不老，看著身邊這麼多努力奔跑的人，滿臉通紅、氣喘吁吁地承受著劇烈的折磨，卻迅雷不及掩耳地超越我，讓我在茫茫人海之中，感受到自我存在的渺小。

即使我的雙腿從三十二公里開始像火紋身一般痠痛不已，彷彿不屬於自己身體的一部分，有好幾次必須暫停在路邊拉筋伸展來舒緩痛楚，才能繼續跑下去。但為了最愛的家人，沒有跑不下去的理由，沒有半途而廢的念頭。

往南經過橋港區的地方，由於身體儲存的肝醣以及葡萄糖被消耗殆盡，進而產生疲憊感，我覺得自己深深處於絕望之中，雙腿就像掛著十斤重的鐵錘一樣，沉重得抬不起來。

大腦也因為血糖降低，意志力削弱，有好多次居然出現想要放棄的念頭……「我為什麼在這裡呢？」「好想要停下來。」「覺得莫名無助。」等消極的想法油然而生。

頓時，我突然意識到這並不是我！我的個性不是這樣的。什麼時候我變得這麼沒用了，居然有半途而廢的想法，我對自己太失望了……還有最後五公里，我在內心不斷地向自己信心喊話：「拜託你一定要撐下去！想想看，你為什麼要千里迢迢來這裡？回想一下當初那份不可動搖的初衷！」

想著想著，一路到了三十九公里處，兩旁的民眾不斷大喊：「快到了，終點就在前面！加油！」或許是中途吞下肚的香蕉順利補充身體所需的葡萄糖，也可能因為燃燒體內儲存的脂肪發揮了作用，身體的疲憊感慢慢消失，意識也越來越清楚。最後三公里，反而沒有垂死掙扎的感覺，非常穩定地緩緩跑著。

到最後一公里的時候，我砥礪自己：「跑步不單是一種體育鍛鍊，它也是一種愛的轉移，希望癌症患者康復、希望家人彼此幸福、希望這個世界能夠更加美麗。」

終點FINISH的城門聳立在遠方，時間突然變慢了，我穿過終點前一雙雙熱情的雙眼、一台台閃不停的相機，一步一步跑回到最初開始的起點。

回過神來，我已經在終點線之後，但腦筋還是一片空白，無法思考。直到工作人員燦爛地對我微笑：「恭喜！Congratulations!」我才漸漸從不敢置信之中清醒，與現場每一個人擊掌、歡呼。

終點的義工們忙著幫每位跑者圍上完賽披風，掛上精美獎牌。我看著胸前的獎牌，激動到說不出話來……此時此刻，有一種電影《地心引力》女主角珊卓·布拉克最後回到地球表面的感受。土地是溫暖的，微風是醉人的，所見的一切無限美好。起點與終點雖是同一片藍天，但我宛如歷經長途煎熬和人性考驗的浴火鳳凰，為愛重生成為全新的自己。

我把父親的醫療支出當作是愛的表現，就算是一場沒有盡頭的馬拉松，我也會跑下去。經歷過人生曲折的漫漫長路，就不會害怕眼前高聳的城門，四十二公里只是一個過程，前方還有更遠大的目標，等著我用一生去實踐。

二〇一四年十月十二日，我人生第一個四二・一九五公里，為愛而生。

Bank of America
Chicago
Marathon
2014
H 40864

國家圖書館出版品預行編目資料

不認輸的骨氣：從偏鄉到紐約，一個屏東女孩勇闖世界的逆境哲學 / 江孟芝著. -- 初版. -- 臺北市：平裝本，2018.06
面； 公分. --（平裝本叢書；第468種)(icon ; 49)
ISBN 978-986-96236-3-6(平裝)

1. 江孟芝 2. 傳記 3. 自我實現

177.2　　107007595

平裝本叢書第0468種
icon 49

不認輸的骨氣

從偏鄉到紐約，一個屏東女孩勇闖世界的逆境哲學

作　　者—江孟芝
攝　　影—王俞文 / 江孟芝
發 行 人—平雲
出版發行—平裝本出版有限公司
台北市敦化北路120巷50號
電話◎02-2716-8888
郵撥帳號◎18999606號
皇冠出版社（香港）有限公司
香港上環文咸東街50號寶恒商業中心
23樓2301-3室
電話◎2529-1778　傳真◎2527-0904
總 編 輯—龔橞甄
責任編輯—陳怡蓁
美術設計—王瓊瑤
著作完成日期—2018年02月
初版一刷日期—2018年06月
初版十刷日期—2019年08月
法律顧問—王惠光律師

讀者服務傳真專線◎02-27150507
電腦編號◎417049
ISBN◎978-986-96236-3-6
Printed in Taiwan
本書定價◎新台幣350元 / 港幣117元